문장의 힘

내 삶을 지탱해 준 필사 문장 40

문장의 힘

초판 1쇄 인쇄 2025년 5월 15일
초판 1쇄 발행 2025년 5월 26일

지은이 | 이용화, 김소연, 이수안, 박나형, 유상원
발행인 | 우희경
펴낸곳 | 밀크북스

등록번호 | 120-98-28541

주소 | 제주도 서귀포시 에듀시티로148 125동, 4F

전자 우편 | milk_books@naver.com
출판 신고 | 2023년 10월 5일 제652-2023-000026호

ⓒ 이용화, 김소연, 이수안, 박나형, 유상원 밀크북스 2024, Printes in Korea.

ISBN | 979-11-987789-5-6 (03990)

- 이 책에 실린 내용은 저작권법에 따라 보호를 받는 저작물이므로 무단 전재와 무단 복제를 금합니다.
- 이 책 내용의 전부 또는 일부를 사용하려면 반드시 출판사의 동의를 받아야 합니다.
- 잘못된 책은 구입처에서 교환해 드립니다.
- 책값은 뒤표지에 있습니다.

문장의 힘

내 삶을 지탱해 준 필사 문장 40

이용화, 김소연, 이수안, 박나형, 유상원

하루 5분, 따라 쓰기의 기적

"책에서 발견한 명문장 필사가 쌓이면 내 삶이 바뀝니다"

밀크북스

목 차

[프롤로그]   9

제1장. 간절한 나를 위로해줬던 한 문장   13

이	1. 내 자존감이 바닥을 쳤을 때	14
용	2. 내 일을 낭만으로 만든다는 것	18
화	3. 기회는 어디서 올지 모른다	22
	4. 나도 당연히 해낼 수 있는 일	26
	5. 실패는 말하기 전까지는 실패가 아니다	30
	6. 행복은 지금, 바로 여기!	34
	7. 묵묵함의 힘	39
	8. 나의 계절은 아직 오는 중	43

제2장. 나의 감정을 들여다볼 수 있었던 한 문장   47

김소연	1. 놓아주는 마음, 머무는 따뜻함	48
	2. 쉼, 나를 다시 채우는 시간	52
	3. 시간이 남긴 선물, 그리고 부모의 계절	57
	4. 견디는 시간, 나를 만나는 시간	61
	5. 꽃이 진 자리, 삶을 감싸는 것들	65
	6. 말하지 않으면, 닿지 않는 마음	70
	7. 감정을 마주하는 작은 용기	75
	8. 흔들림 끝에 남은 빛	80

제3장. 진실 된 나와 마주하던 한 문장　　　85

이　　1. 세상의 끝에서 끝까지 겪어 내리라　　86
수　　2. 나는 특별한 시선을 가진 특수교사입니다　　90
안　　3. 당신의 몸은 안녕하십니까?　　94
　　　4. 안녕. 나의 엄마　　99
　　　5. 그렇게 살지 않아도 괜찮아　　103
　　　6. 당신만의 대나무 숲은 간직하고 있나요?　　107
　　　7. 세상에 무해한 사람이 되고 싶어　　111
　　　8. 너는 맞고 나는 틀리다　　115

제4장. 나에게 질문했던 한 문장 119

박나형

1. 달리려면 운동화 대신 책을 신어야지 120
2. 너와 나의 순간은 어떤 공기일까? 126
3. 내 마음은 어느 나라에 두고 왔니? 130
4. 내 행동의 타당성 136
5. 외로움 속에서 품위를 찾을 수 있을까? 140
6. 이번 생은 두 번 살았으면 해 144
7. 사랑은 지성이다 148
8. 위로하는 법을 몰라서 152

제5장. 일상의 소중함을 일깨워 준 한 문장　　　157

유　1. 비교와 질투의 부질없음을 깨닫다　　　158
상　2. 하루하루의 소중함을 일깨우다　　　163
원　3. 운은 선택한 자에게만 온다　　　170
　　4. 모든 선택과 책임은 나한테 있다　　　175
　　5. 세상에 불평불만을 가질 필요가 없다　　　181
　　6. 바쁜 일상에서도 여유를 가져야 한다　　　186
　　7. 삶은 다방면으로 해석해야 한다　　　191
　　8. 당신의 중요한 한 가지는 무엇인가　　　196

[프롤로그]

"당신의 마음을 울린 한 문장이 있나요?"

 살면서 우리는 책 한 권은 반드시 보게 된다. 아무리 책을 읽지 않는 사람이라도, 학교에서 독후감 숙제를 위해 억지로 읽은 책일지라도. 그리고 그 책 속에서 우리는 마음에 닿는 문장을 하나 이상 만나게 된다. 그 문장이 얼마나 오래 기억에 남는지, 살아가는 데 어떤 영향을 미치는지는 조금씩 다르겠지만. 가끔은 사랑을 가득 담은 시 속에서 인생을 깨닫고 과학이나 수학을 풀어 쓴 책에서 사랑을 배운다.

 또 재테크 책에서 삶이나 일을 대하는 자세를 만나기도 한다. 가끔은 내가 쓴 게 아닐까 싶을 정도로 페이지마다 내 마음을 옮겨놓은 듯 나를 울리는 책을 만날 때도 있다. 그럴 때면 "이 사람은 어쩜 이렇게 표현을 잘했을까?" 감탄하며 읽고 또 읽고 밑줄을 그어 표시해둔다. 그 때의 그 감정을 책 속 한 귀퉁이에 적기도 하고 그래도 모자라면 어딘가에 적어 모아두면서 그 여운을 몇 달씩 내내 곱씹기도 한다.

평소에도 책 읽기를 좋아하지만, 특히 마음이 어려울 때면 더 책을 찾게 된다. 이유는 알 수 없다. 평온하기만 할 수 없는 삶 속에서 위로, 용기, 혹은 도움이 필요하지만 누군가에게 꺼내 놓을 수는 없을 때 그럴 때면 습관처럼 책이 찾아진다. 어차피 인생에 정답은 없다. 다 알지만 어딘가에 찾지 못한 정답이 있을 것 같아 불안함을 누르고 책을 들여다보고 있으면 신기하게 그때 꼭 필요한 답이 '툭' 튀어나온다. 마치 이런 때가 올 줄 알고 기다렸다는 듯이 말이다. 외로워 울고 싶을 땐 토닥토닥 토닥여주고 지쳐있을 땐 조용히 기댈 어깨를 내어준다. 용기가 필요할 땐 응원을 보내주고 뭔가를 해결해야 할 땐 그 한끝을 슬그머니 물고 오기도 한다. 그렇게 하나둘 책의 위로를 받다 보면 어느새 책이 내 인생의 보물창고가 되고 만다.

이 책은 다섯 명의 저자들이 가진 인생의 보물창고에서 가장 아끼는 문장들을 모았다. 저자들도 힘에 부치는 일이 생기거나 답을 찾기 어려운 일을 만나면 책을 찾았다. 그중 누군가는 직장을 퇴직하고 위태로운 홀로서기를 시작했고, 누군가는 내 집 마련을 공부하다 일상의 소중함을 알게 되었다. 또 누군가는 안온해 보이는 하루 속에 위로가 필요한 나를 발견했고, 다른 누군가는 사랑을 꿈꾸면서도 단단하게 서는 나를 응원했다. 그리고 누군가는 자신에게 찾아온 예고 없는 시련을 묵묵히 이겨냈다. 그렇게 각자 도움이 필요한 일상의 순간에 만난 책 속에서 자신만의 보물을 찾았다. 책 속 문장들은 위로와 용기를 건넸고, 인사이트와 답을 얻었다. 읽은 책은 제목도 분야도 모두 달랐지만, 문장 하나 덕분에 힘을 냈고 굳게 설 수 있었다. 혼자 알기 아까운 깊은 여운을 나누기 위해 그때의 경험과 느낌을 오롯이 담아 책으로 엮었다.

저자들이 뽑은 문장들은 짧은 한두 줄이지만, 오래도록 그들의 마음에 머무르며 살아가는 데도 영향을 미쳤다. 삶을 살아지는 대로 살아가는 것이 아니라 정답 없는 인생에서 내가 정답이 되기로 한 것이다. 어떤 문장이 어떻게 영향을 미쳤는지 좀 더 천천히 음미하며 보물찾기 하듯 따라가 보기 바란다. 누군가에게 영감을 준 그 문장이 나에게는 어떻게 닿는지 느껴보고, 내 생각이나 느낌과 비교해가면서 읽어보아도 좋겠다. 읽는 순간은 책과 당신, 저자와 독자 둘뿐이지만 독서 모임에서 토론하듯 도란도란 이야기하듯 말이다.

이제 독서를 시작해보려는 독자라면 다양한 분야의 책을 미리 만나보고 나의 취향을 알아가는 기회가 되기를 기대한다. 독서를 꾸준히 해왔더라도 그동안 책 선택에 어려움을 겪고 있거나 다른 취향의 책들도 경험해보고 싶었다면 이 책은 더할 나위 없다. 평소라면 접하지 않았을지 모를 책 속 문장들을 한 번에 만날 수 있기 때문이다. 운이 좋으면 이 중에서 인생의 책을 만날 수도 있고, 어떤 책인지 궁금한 마음을 가지고 다음 읽을 책의 순서를 정해볼 수도 있을 것이다. 실제로 나도 그렇게 '인생 책' 중 하나를 만났다. 오늘 이 책 속에서 독자에게 영감을 주는 인생의 책과 문장을 꼭 만나게 되기를 희망한다.

무엇보다 이 책을 읽는 동안의 시간이 따스한 위로로 가득하기를 바라본다. 나와 다른 저자들이 그랬던 것처럼.

2025.4월

이용화

제1장

간절한 나를 위로해줬던 한 문장

이용화

1. 내 자존감이 바닥을 쳤을 때

우연히 회사 동료의 책상에 놓인 책 한 권을 보게 되었다. 귀여운 글씨체로 적힌 제목이 독특한, 고급스러운 양장본의 책. 찰리 맥커시의 『소년과 두더지와 여우의 말』. 홀린 듯이 책을 꺼내 페이지를 넘겼다. 표지의 글씨체만큼이나 귀여운 그림이 가득한 그림책이었다. 큼직한 글씨와 짧은 문장들로 채워진 그림책이라 다 읽는 데까지 30분이 채 걸리지 않았다. 하지만 그 후로도 책 속에 담긴 짧은 이야기들이 오래 기억에 남았다. 이렇게 마음에 드는 책을 모른 척할 수가 없었다. 바로 책을 구매했고 지금은 내 침대 머리말 작은 책꽂이에 늘 꽂혀 있다.

보고 또 봐도 이 책에는 버릴 문장이 하나도 없다. 내 상황이나 기분에 따라 끌리는 부분이 조금씩 다를 뿐이다. 사람 때문에 힘든 날은 이 문장에 끌렸고 일에 지친 날은 저 문장이 날 위로했다. 이유 없이 울적한 날은 또 다른 문장에 감동해 눈물을 찔끔 흘리기도 했다. 책 어디에도 글자 하나 더하거나 뺄 게 없지만, 그중에서 나를 가장 설레게 하는 문장을 하나 고른다면 이 부분이다.

"살면서 얻은 가장 멋진 깨달음은 뭐니?" 두더지가 물었어요. "지금의 나로 충분하다는 것" 소년이 대답했습니다.

이 책을 만났을 때 나는 자존감이 바닥을 치고 있었다. 3년 넘게 다닌 직장에서 특히 관계 때문에 몹시 피로했다. 서로의 성향과 기대가 다른 어떤 동료와 날마다 부딪혔다. 그는 나를 괴롭히려고 작정한 사람처럼 날마다 함부로 말하고 행동하기 일쑤였다. 어떤 날은 빈정댔고 어떤 날은 소리를 질렀고 또 어떤 날은 나를 투명인간처럼 취급했다. 겉으로는 아무렇지 않은 척했지만, 나는 마음속 깊이 상처 입고 있었다. 어떻게든 문제를 해결하고 싶었다. 상사와 이야기도 해보고 부서를 옮겨보려고도 했다. 하지만 상사는 방관했고 내가 옮길 적당한 부서는 없었다. 함께 일하는 팀이 여럿이었지만, 어디에도 속하지 못하고 있다는 불편함이 나를 덮치고 있었다.

더는 아무것도 할 수 없을 것 같았다. 이대로 직장생활도, 나도 끝일지도 모른다는 불안감이 점차 눈덩이처럼 크기를 키워갔다. 아무리 발버둥을 쳐도 현실은 변하지 않을 거라는 생각이 나를 짓눌렀다. 그런 나에게 이 문장은 애쓰지 않아도 된다고 말해주었다. '나라는 존재만으로도 충분하다는 것. 남들의 마음이나 인정보다 내가 나를 사랑하는 것이 중요하다고 말해주고 있었다. 삶은 계속되고 있고 완벽하지 않아도 된다는 말은 내 삶에 좀 더 집중할 용기를 낼 수 있게 해주었다.

사람들은 마음이 힘들 때 각자의 방법으로 스스로를 위로한다. 예를 들면, 누군가를 만나거나 여행을 가거나 매운 음식을 먹는 등의 방법으로. 나에게도 습관처럼 찾는 나만의 방법이 있다. 사람을 찾고 맛있는 걸 먹는 대신 나를 위로할 만한 책을 찾는다. 그때마다 어디서 나타난 건지 신기할 정도로 상황에 딱 맞는 책에 위로를 받았다. 물론 책의 위로가 항상 통하는 건 아니다. 상처 회복을 위해 여러 권의 책이 필요하기도 하고 가끔은 마냥 좋은 이야기만 모아 놓은 책 때문에 벌컥 화가 나기도 한다. 특히 어려움 같은 건 겪어보지 않았을 것 같은 저자가 '삶은 원래 힘든 거.'라며 다들 그렇게 사니까 견뎌야 한다는 내용을 보면 그렇게 부아가 치밀어 올랐다. "누가 몰라? 마음먹은 대로가 되면 살면서 힘들 게 뭐 있겠어? 속 편한 얘기하고 있네."라며 혼자 어깃장을 놓기도 했다.

이 책을 만났을 때가 바로 그런 때였다. 상처가 깊었는지 앞서 읽은 책들이 위로의 힘을 발휘하지 못하고 있었다. 그때 이 책이 슬그머니 다가와 내게 속삭이듯 말해주었다. "괜찮아. 삶이 완벽해야 한다는 건 착각이야. 지금의 너로도 충분해. 애쓰지 않아도 돼." 대놓고 기운 내라는 말은 한마디도 없었지만, 나는 읽을 때마다 기운이 났다. 책 속 문장들은 그 누구의 위로보다 더 따뜻하고 다정했다. 책은 나의 마음을 지켜주는 문장들로 가득한 보물창고였다. 지금도 나를 위한 응원이 필요할 때나 위로가 필요한 순간이면 자연스럽게 책을 펼친다.

**오늘의
필사 문장**

"살면서 얻은 가장 멋진 깨달음은 뭐니? 두더지가 물었어요.

"지금의 나로 충분하다는 것" 소년이 대답했습니다."

찰리 맥커시 『소년과 두더지와 여우의 말』

2. 내 일을 낭만으로 만든다는 것

나는 술을 잘 모른다. 아니, 잘 모른다기보다 아예 모른다는 게 맞겠다. 다행인지 몸에서 알코올을 잘 받지도 않아 가까이하지 않고도 이제껏 잘 살았다. 그러던 어느 날 우연히 접한 위스키의 매력에 흠뻑 빠져 공부하고 싶은 마음이 들었다. 무언가 알고 싶은 것이 생기면 제일 먼저 찾는 것, 책. 그렇게 처음 내 손에 들린 책은 무라카미 하루키의 『만약 우리의 언어가 위스키라고 한다면』이었다. 이미 유명한 책이 많지만, 나는 위스키를 알기 시작하고 무라카미 하루키를 처음 만났다. 그리 오래 좋아한 달리기로 쓴 그의 책은 사놓고 한 번 펼쳐보지도 않았는데 낯선 위스키에서는 단박에 펼쳐 들다니 재밌다.

저명한 소설가가 쓴 위스키 이야기라면 좀 더 유쾌하고 재미있게 풀지 않았을까 하는 마음으로 펼쳤다. 책 두께는 얇고 책장은 두껍고 사진은 많은 책. 피곤한 하루 끝에 침대에 앉아 몇 장만 읽을 생각으로 가볍게 펼쳤다. 하루키는 책에서 스코틀랜드와 아일랜드를 여행하며 그의 아내가 찍은 사진들 위로 위스키 이야기를 들려주었다. 담담한 문체와 조용해 보이는 풍경은 나의 호기심을 끌만큼 매력적이었다.

'아! 저런 곳을 가만히 다니며 산책하면 참 좋겠다.' 싶기도 했다. 하지만 책에서 마음에 꽂힌 문장은 정작 위스키에 관한 내용이 아니었다.

"내가 위스키를 만드는 일을 좋아하는 까닭은 그것이 본질적으로 낭만적인 직업이기 때문이지. 내가 지금 이렇게 만들고 있는 위스키가 세상에 나올 무렵, 어쩌면 나는 이미 이 세상 사람이 아닐지도 몰라. 그러나 그건 내가 만든 위스키거든. 정말 멋진 일 아니겠어?"

위스키에 대한 흥미를 채우려고 펼친 책에서 나는 내 일을 생각할 기회를 얻게 되었다. 몇 년째 직장을 다니면서 다른 여러 개의 직업을 병행하는 중인 나. 직장 생활도 하고 작업실도 운영하고 사람들도 만나려면 시간은 늘 부족하고 체력은 점점 달린다. 재밌고 좋아서 시작한 일들인데 그게 되려 내 발목을 잡을 때도 있고 아무것도 손에 잡히지 않을 만큼 지치기도 한다. 좋아서 하는 게 아니면 도무지 설명이 안 되는 일들은 날이면 날마다 일어난다. 분명 진이 빠질 만큼 최선을 다했는데 끝나고 보면 수중에 남는 게 전혀 없을 때도 있다. 그러다 보면, '내가 지금 무슨 부귀영화를 누리겠다고 이러고 있나?' 싶기도 하고 가끔은 '낭만이 다 뭐야? 당장 먹고살기도 빠듯한데….' 하는 마음이 들기도 했다. 당연히 주위를 둘러볼 여유 같은 건 없었다. 내가 벌인 일이고 이미 시작했으니 대강 포기하고 싶지 않은 마음이 컸다. 일단 끝까지 가보자는 마음으로 묵묵히 감당할 뿐이었다. 그런데 책에서 만난 이 문장은 내가 나의 일들을 여전히 좋아하느냐 물었다. 앞만 보고 달릴 생각만 하던 나는 머리를 망치로 한 대 세게 얻어맞은 기분이 들었다.

내가 하는 일을 '낭만'으로 만드는 것! 그건 그 누구도 아닌 바로 나다. 내가 낭만적이라 여기면 나의 일은 낭만이 된다. 그동안 내 일은 내게 낭만이었을까? 분명 좋아서 시작한 그 일들이 어느새 짐이 된 건 아닐까? 슬슬 지쳐서 이런저런 생각이 많아지던 차에 낭만은 책에서 나타나 나를 깨웠다. 나를 추슬러 다시 내 직업을 낭만적인 일로 만들어야겠다고 생각했다. 먹고 살기 빠듯하다는 이유로 자칫 나를 움직이게 만들던 낭만을 잃을 뻔했다. 잃기 전에 이 책을 만나게 되어 참 다행이다.

시작은 위스키였다. 그저 재미와 흥미로 시작한 낯선 취미. 하지만 하루키는 자기가 좋아하는 위스키를 도구 삼아 내게 많은 이야기를 들려주었다. 특히 여러 개의 직업이 이제는 생활로 익숙해진 내게 지금 꼭 필요한 생각을 하게 했다. 내가 어떤 가치와 기준을 가지고 어떤 방식으로 살아가야 하는지 같은 것들 말이다. 힘들어도 꾸준히 일을 해내던 내가 얼마나 대단한 것인지도 알았다. 내게는 좋아하는 일이 있고 그걸 시작한 용기가 있고 묵묵히 해낼 수 있는 끈기도 있다. 다 잘 해낼 수 없어도 괜찮다. 당장 볼 수 있는 눈앞의 큰 이익이 없더라도 하는 순간 행복했다면 그것으로 충분하다. 그것은 나에게 위스키 장인의 '낭만'과 다름없다.

> 오늘의
> 필사 문장

"내가 위스키를 만드는 일을 좋아하는 까닭은 그것이 본질적으로 낭만적인 직업이기 때문이지. 내가 지금 이렇게 만들고 있는 위스키가 세상에 나올 무렵, 어쩌면 나는 이미 이 세상 사람이 아닐지도 몰라. 그러나 그건 내가 만든 위스키거든. 정말 멋진 일 아니겠어?"

무라카미 하루키 『만약 우리의 언어가 위스키라고 한다면』

3. 기회는 어디서 올지 모른다

　글을 쓰고 몇 권의 책을 출간하면서 세상에 빛을 보지 못하고 묻히는 책이 많은 현실을 깨닫고 한동안 서운했다. 하지만 독자로서의 나 역시 서점의 신간과 베스트셀러 매대에 진열된 책들에 쉽게 마음을 뺏겼다. 표지가 예쁘고 제목이 멋진 그런 책들 말이다. 평소처럼 서점에 들렀던 어느 날 박산호의 『긍정의 말들』이 눈에 띄었다. 책 표지나 제목은 내 스타일이 아니었다. 그저 지하철을 타고 다니며 보기에 적당한 사이즈와 두께였던 점이 마음에 들었다. 그리고 보니 SNS에서 지인이 좋은 책이라고 추천한 걸 본 기억도 났다. 마치 운명인 것처럼 펼쳐 들었고 서점을 나오는 내 손에는 책이 들려있었다.

　책은 저자가 보고 들었던 좋은 긍정의 문장들을 모으고 거기에 그녀의 생각들을 보태 엮었다. 처음엔 얇은 두께가 마음에 들었는데 곧 그 두께가 원망스러울 만큼 술술 잘 읽혔다. 다 읽어가는 것이 아쉬워 일부러 조금씩 천천히 읽었다. 꼭꼭 씹어 빠짐없이 소화시키고 싶었다. 책에는 좋은 문장이 너무 많았다. 저자가 고른 문장은 물론이고 거기에 보탠 그녀의 글도 모두 외우고 싶을 만큼 좋았다. 나와 생각이 비슷해 보이는 부분을 만나면 '나만 그랬던 건 아니었군.' 하는 마음에 위안도 받았다. 표지만 보고 내 스타일이 아니라며 펼쳐보지 않았다면 서운할 뻔했다.

"기회가 기회임을 알아보는 것이 진정한 재능인지도 모른다고 생각하며 그때의 경험을 거울삼아 요즘은 내게 들어오는 제안은 어지간하면 받아들이는 편이다. 그게 나를 어디로 이끌어줄지 모르니까."

특히 좋았던 문장이다. 이 문장은 "기회는 흔히 고생을 가장하고 오기 때문에 사람들은 대부분 알아보지 못한다."라는 칼럼니스트 앤 랜더스의 말을 인용하며 보탠 저자의 글이었다. 인용한 문장보다 저자가 쓴 글에 더 마음이 동했던 건 요즘의 내가 가장 많이 하는 생각이자 무언가를 결정할 때의 마음가짐이라 더 그랬으리라. 돌이켜보면 그동안의 나는 자신에게 엄격한 잣대를 들이대고 모자란 나를 자책하고 원망하느라 기회가 와도 알아보지 못했다. 나도 모르는 사이 얼마나 많은 기회를 흘려보냈을까? 준비가 되지 않아서 알아보지 못했을 기회들이 아쉬웠다. 흘러간 기회가 기회인지도 몰랐던 어리석은 나였다.

하지만 지금은 다르다. 어떤 제안이 와도 거절하지 않는다. 처음 만나는 일이라도 익숙하지 않은 상황이라도 겁먹지 않는다. 물론 그렇게 당당하게 수락해 놓고 막상 D-day가 다가오면 온통 쪼그라드는 여전히 쫄보지만 일단 해보기로 한다. 망설이고 고민하기보다 해본 후에 바로 잡는 것이 훨씬 빠르게 원하는 결과를 얻을 수 있다는 걸 알았기 때문이다. 가는 길이 예상과 달라 멈추거나 수정하더라도 말이다. 그렇게 마음을 고쳐먹은 덕분에 지난 40년 동안 못 해본 일들을 최근 몇 년 동안 참 많이도 해냈다. 수락하고도 코앞에 닥치기 전엔 겁먹고 무모했던 게 아닌가 걱정도 했지만 해보니 별것 아닌 일투성이였고 그 덕에 할 수 있었던 일들이었다. 그리고 그 일들은 언제나 나를 한 뼘 자라게 했다.

글 쓰는 일도 마찬가지다. '쓰고야 싶지. 근데 내가 무슨 글을….' 이라고 접어두었다면 나는 여전히 글 쓰는 사람들을 부러워만 하고 있었을지도 모른다. '한 번 써 보지 뭐.' 하는 마음이 나를 이끌었다. 나아가 지금의 나는 다양한 일을 자꾸만 벌이고 수습하고 또 벌이는 중이다. 예전 같으면 "내가 어떻게 해?"라고 스스로 의심했을 일을 주위에서 "왜 그렇게까지…?", "뭘 또….'라고 해도 흔들리지 않을 정도로 묵묵하고 뻔뻔하게 말이다.

내가 변하니 신기하게도 좋은 사람들을 만날 일이 더 많아졌다. 아무래도 긍정적인 기운은 나보다 세상이 먼저 알아보나 싶기도 하다. 좋은 사람들은 높은 확률로 더 좋은 기회와 에너지를 들고 온다. 그리고 건강한 에너지는 나누면 나눌수록 더 충만해진다. 애써 기운을 나눠주는 고마운 사람을 만나도 충전은커녕 끝없이 방전되기만 하던 나는 이제 없다. 그럼 내가 예전보다 실력이 갑자기 좋아졌던가? 아니다. 삶을 대하는 태도가 달라졌을 뿐 나는 그대로다. 나를 찾아오는 기회의 질이나 빈도도 어쩌면 예전과 같을지 모른다. 다만 지금의 나는 가능성의 그물을 넓게 펼친 덕분에 기회들을 덜 놓치게 되었다. 어디

그뿐인가? 조금 부족한 기회라도 더 좋은 기회로 바꿀 수 있을 만큼 변했다.

　오늘도 난 그물에 걸린 기회를 잡았다. 역시 처음 해보는 일이라 이걸 어떻게 하게 될지는 아직 감도 안 오지만 괜찮다. 어떻게든 또 해내겠지. 그리고 난 그새 또 한 뼘 자라있겠지. 넘어지더라도 혹 해내지 못하더라도 그 안에서 뭐든 배우겠지. 생각만 해도 짜릿하다. 기회는 알아보는 게 아니다. 열심히 받아들이다 보면 정말 나를 어디론가 데려다준다. 책 속 저자의 말처럼.

오늘의 필사 문장

"기회가 기회임을 알아보는 것이 진정한 재능인지도 모른다고 생각하며 그때의 경험을 거울삼아 요즘은 내게 들어오는 제안은 어지간하면 받아들이는 편이다. 그게 나를 어디로 이끌어줄지 모르니까."

박산호 『긍정의 말들』

4. 나도 당연히 해낼 수 있는 일

나는 안전이 최고인 안전 제일주의자다. 안 가본 길은 웬만해선 가지 않는다. 4년을 집에서 15분 거리의 사무실로 출근하면서도 내비게이션을 꼭 켜고 다녔다. 안 먹어본 음식에 도전하지 않는 건 두말하면 잔소리. 책도 영화도 음악도 같은 장르와 스타일로 주로 보고 듣는 편이다. 옷을 사거나 머리를 할 때도 하다못해 병원까지도 한 번 단골을 정하면 잘 옮기지 않고 10년, 20년 꾸준히 다닌다. 당연히 이사는 인생 최대의 스트레스다. 다시 말해 새로운 환경과 상황에 좀 취약한 나는 같은 것을 반복하거나 변하지 않는 것에 지루함을 거의 느끼지 못한다. 그게 음식이든 영화든 음악이든 사람이든 나에게 중요한 건 안정감이다.

이런 성향이니 내가 안 가본 길을 가지 않는 건 물론이고 아무도 가지 않은 길이라면 쳐다보지도 않았다. 그렇게 20년을 직장인으로 살았고 대략 예측이 가능한 상황에 만족하며 살았다. 때때로 힘들었지만 특별할 건 없었다. 남들도 다 그렇게 사는 것 아닌가? 그게 정답인 줄 알았다. 그러다 계획도 없이 갑작스레 프리랜서이자 자영업자의 삶을 시작한 요즘이다. 자영업자가 힘든 게 어디 하루이틀인가? 경기가 안 좋아진 지는 꽤 되었고, 이미 버티지 못하고 장사를 접는 사람들도 한

둘이 아니다. 인생에 정답은 없다지만 어디로 가야 할지 판단이 안 선다. 안전제일이 인생의 유일한 신조인데 어느 길도 안전해 보이지 않고, 어디든 발을 내디뎌야 하는데 자꾸만 망설여진다.

언젠가부터 지인들이 무거운 표정으로 고민을 하나둘씩 들고 나를 찾아온다. "이럴 땐 어떻게 하면 좋을까요? 정말 모르겠어요." 그럴 때면 아는 것도 없으면서 세상살이 통달한 현자인 양 답을 했더랬다.

"일단 해. 고민할 시간에 저질러야 해. 저지르고 나면 어떻게든 되게 되어 있어. 고민해 봐야 시간만 가. 고민하는 시간에 일단 하고 안 되면 그때 고민해. 그게 더 빨라."

사람들은 개운한 듯 돌아갔고 나 역시 한동안 그렇게 문제를 해결했다고 생각했다. 스스로 많이 컸다고 기특하게 여기기도 했다. 하지만 변한 척해도 중요한 순간에는 본 모습이 드러나는 모양이다. 원래 나는 우유부단하고 모험은 하지 않는 사람인데 대체 누구한테 도전을 권했단 말인가? 아닌 게 아니라 날마다 고민이다. 뭘 해야 할지 어디로 가야 할지도 모르겠고 어디다 물어야 할지도 모르겠다. 닥치고 하려 해도 뭘 알아야 할 것 아닌가? 무턱대고 남의 다리를 긁을 수는 없는 노릇이다. '나만 이렇게 어려운가? 대체 왜 이렇게 어려운 길을 택했지? 아…. 진짜 어지간히 외롭네!' 문득문득 이런 상황을 만든 과거의 내가 원망스럽기도 했다. 스스로는 아직 한창때라고 생각하지만 30대에 비하면 힘에 부치는 체력도 거든다.

그러다 『어린왕자』를 쓴 앙투안 드 생텍쥐페리의 『인간의 대지』에서 답을 찾았다.

"폭풍우와 천둥과 번개가 치거나 안개나 눈 때문에 괴로운 순간도 있을 거야. 그럴 때면 너보다 먼저 이런 일을 겪은 사람들을 떠올려봐. 그리고 나 자신에게 말해주는 거야. 다른 누군가가 이뤄낸 일이라면 나도 당연히 해낼 수 있다고."

아! 그렇지. 이 외롭고 괴로운 순간을 나만 겪는 건 아닐 거다. 폭풍우와 천둥, 번개가 나한테만 일어나고 있을 리가 없다. 나보다 먼저 이 쏟아지는 비를 견뎌낸 사람들도 있겠지. 성경에도 "해 아래 새로운 것이 없다." 했다. 세상 모든 고난을 나 혼자 겪고 있는 것도 아니면서 머리 싸매고 누워봤자 아무것도 해결되지 않는다. 이제는 자리 털고 일어나야 할 때다. 고민은 그만! 다른 누군가가 했다면 이미 해낸 사람이 있다면 나도 할 수 있을 거다. 30대의 나보다 체력은 떨어지고 쉽게 지치지만 나는 남아 있는 인생 중 오늘이 제일 젊고 건강할 거다. 결국은 아무리 어려워도 지금, 오늘, 이 시간이 덜 어렵고 덜 지칠 거다.

"엄마 이건 뭐야?" 난 모르는 게 있으면 엄마를 찾는다. 엄마에게 답이 없다는 걸 알면서 물을 때도 있다. 엄마가 모른다고 하면 "무슨 엄마가 모르는 게 있어? 엄마는 다 알아야지."라고 하면서 그게 우스워서로 깔깔대며 웃는다. 대부분은 정답을 기대하지 않은 채 던지는 농담이지만 나보다 20여 년을 더 산 엄마라면 알지 않을까 하는 기대감도 약간은 있다. 인생은 누구나 처음이지만 비슷한 일을 먼저 겪은 경험자는 있기 마련이다. 그리고 우리는 처음 겪는 일을 만날 때 그 길을 먼저 가본 사람을 찾게 된다. 내 인맥 속에서든 온라인 속 모르는 사람에게서든 조금이라도 도움을 받기 위해 애쓴다. 가끔은 나를 전혀 모르는 전문가의 상담을 받기도 한다. 어쩌면 우리는 그 사람에게서 답을 찾는 게 아닐지도 모른다. 내가 엄마한테 묻듯 그 문제를 해결하는 힘을 얻기 위함일지도.

혼자 감당하기 어려운 일을 만나 힘들고 지쳐 더는 나아갈 힘을 얻지 못할 때면 이제 그리 생각해야겠다. '누군가 지금 이 일을 겪은 사람이 있고 그렇다면 나도 할 수 있다고.' 어차피 답은 내 안에 있을 테니.

> **오늘의 필사 문장**
>
> "폭풍우와 천둥과 번개가 치거나 안개나 눈 때문에 괴로운 순간도 있을 거야. 그럴 때면 너보다 먼저 이런 일을 겪은 사람들을 떠올려봐. 그리고 나 자신에게 말해주는 거야. 다른 누군가가 이뤄낸 일이라면 나도 당연히 해낼 수 있다고."
>
> 앙투안 드 생텍쥐페리 『인간의 대지』

5. 실패는 말하기 전까지는 실패가 아니다

20년간의 직장 생활을 최근에 마무리했다. 시점이 가까웠다고 생각하며 매일 마음으로 준비했지만 퇴사해야 할 때는 생각보다 빨리 와버렸다. 그동안 준비해 온 기간도 있었고 투잡으로 이미 벌여놓은 일도 있으니 어떻게든 되겠지, 하는 마음도 있었다. '설마 망하기야 하겠어?' 하는 호기로움이 절반은 되었으리라. 처음 퇴사를 하고 한두 달은 꽤 할 만 했다. 마무리되지 않은 일, 새로 시작한 일, 어김없이 찾아온 꽃 작업실의 어버이날 시즌까지. 하지만 바쁜 시점을 넘기자 이내 여유가 생겼고 시간이 지날수록 점점 조급하고 불안해졌다. 벌여놓은 여러 일 중 딱히 잘 되는 건 없었다. '정말 이대로 괜찮은 걸까? 내가 잘할 수 있을까? 너무 무모했던 건 아닐까? 뭘 믿고 그렇게 용감했을까? 이렇게 느긋할 때가 아닌데…. 뭐라도 해야 하는 건 아닐까?' 이러다 진짜 쪽박 차기 십상이다. 날이면 날마다 고민했다. 지금 당장 해야 하는 걸 찾자. 그게 뭘까?

아무리 생각해도 뭐부터 해야 할지 감이 오지 않았다. 계속되는 답답함에 고민하던 걸 모두 덮었다. 그리고 처음부터 다시 시작했다. '내가 하고 싶은 건 뭐지?', '할 수 있는 건 또 뭐지?', '뭐부터 해야 하지?' 머리를 깨끗이 비우고 찬찬히 생각하면서 알았다. 내가 지금 하는 일을 너무 좋아하고 있구나! 내 이름을 걸고 판매한 내 상품과 시간이 누군가에게 도움이 될 수 있다는 것도 신기했다. 할 수 있는 일이 있다는 것만으로도 다행인데 그걸 내가 좋아하고 쓸모도 있다니. 얼마나 감사한 일인가? 아! 내가 브랜드였구나. 나 썩 괜찮은데? 그렇게 자신감을 회복하고 나니 브랜딩이란 걸 제대로 하고 싶어졌다. 내 이름을 걸고 글을 쓰는, 컨설팅하는, 강의하는 나로 나설 수 있을 것 같았다. 그렇게 작은 용기가 생겼다.

자, 그럼 어디부터 해야 하지? 새로운 고민을 시작한 시점에 서점에서 우연히 만난 책이 『저는 브랜딩을 하는 사람입니다』였다. 〈노티드〉, 〈다운타우너〉, 〈글로우서울〉처럼 최근 힙한 브랜드들의 CMO 허준이 쓴 책이었다.

브랜딩! 브랜딩을 하는 사람이라고? 사실 브랜딩을 전문적으로 하는 사람이 있다는 건 이미 알고 있었다. 하지만 그때 내가 브랜딩에 꽂혀있었고 하필이면 브랜딩이 제목에 크게 적힌 책이 서점 매대에 떡하니 놓여있었다. 더 볼 것도 없이 바로 책을 집어 들었다. 그때 이미 책과 사랑에 빠져버렸다. 책은 쉽고 재미있었다. 브랜드에 대한 저자의 관점은 물론 일을 대하는 태도와 사업 경험에서도 배울 점이 많았다. 그 중에서도 특히 내 마음에 남은 문장이 있었다.

"실패란 무엇인가? 무엇을 포기하고 본인이 실패라고 결정짓는 순간 그것은 실패가 된다."

나는 매일 시험에 들었다. 아주 약간의 자신감을 얻었지만, 여전히 사소한 일에 걸려 넘어지고 실수하고 후회하고 무너졌다. 밤마다 나를 얼마나 괴롭혔는지 모른다. '이렇게 작은 일도 못 하는 내가 뭘 잘할 수 있겠어?', '내가 그렇지 뭐, 안되는 게 당연하지' 모자란 과거의 나는 수시로 나의 빈틈을 찾아 비집고 들었다. 그나마 낮에는 멀쩡해 보였다. 오롯이 혼자가 되는 밤이 되면 티끌 같은 실수도 거대한 실패가 되어 나를 '루저'로 만들고 있었다.

그때 나를 찾아온 문장, "내가 실패라고 결정 짓는 순간에야 실패가 된다." 저자는 어떤 강연에서 실패 경험을 묻는 질문자에게 답변이 어려웠던 이야기를 했다. 그때는 제대로 답변하지 못했지만 돌이켜봐도 크게 실패한 기억이 없다 했다. 스스로 실패라고 생각해본 적이 없기 때문이었다고. 사소한 실수도 크기를 무한대로 키워 걷잡을 수 없게 만드는 나에게는 상상할 수도 없는 일이었다. 그 문장에서 나는 마음이 편안해졌다. '아! 이럴 수도 있구나! 내가 했던 실수들은 실수일 뿐 실패는 아니었구나. 실수해도 괜찮구나.' 그렇게 그 문장은 나를 위한 특급 처방이 되었다.

물론 나는 지금도 실수투성이다. 다만 내가 하는 실수를 좀 더 편하게 바라볼 수 있게 되었다. 나를 깎아내리고 내 탓을 하는 것. 너무 오래되어 나와는 한 몸처럼 딱 붙어버린 삶의 방식이라 쉽게 버리거나 바꿀 순 없다. 하지만 실패가 아니라고 인식하는 것만으로도 여유가 생겼다. 밤마다 나를 괴롭히는 일도 크게 줄었다. 실수는 바로잡을 수 있고 다시 하지 않기 위해 노력하는 것만으로도 훌륭하다. 또 실수가 아닌 실패라 여겨져도 어느 정도 너그러워졌다. 인생이 망할 만큼의 실수도 실패도 흔하지 않다는 걸 알게 되었기 때문이다. 실수하고 실패하지 않을까 고민만 하는 것보다 일단 시도하고 배우고 다시 시도하는 것이 더 빠르다는 것도 배웠다. 그걸 알고 나니 새로운 일에 도전하는 것도 덜 어려워졌다.

한 번 실수에 넘어져 낙심하고 포기하기엔 인생은 길고 앞으로 갈 길도 멀다. 넘어져도 괜찮다. 내가 다시 갈 용기만 있다면. 언제나 깨달음은 애써 찾아다닐 때는 꼭꼭 숨어 있다가 전혀 생각지 못한 곳에서 얻게 된다. 어린 시절 소풍에서 발견한 보물찾기의 쪽지처럼. 오늘의 나처럼.

> **오늘의 필사 문장**
>
> "실패란 무엇인가? 무엇을 포기하고 본인이 실패라고 결정짓는 순간 그것은 실패가 된다."
>
> 허준 『저는 브랜딩을 하는 사람입니다』

6. 행복은 지금, 바로 여기!

지난 과거와 아직 오지 않은 미래에 사는 사람, 나였다. 나는 과거의 실수를 후회했고 잡히지 않는 미래를 불안해하며 늘 걱정을 멈추지 않았다. 후회한다고 이미 지나버린 과거의 실수를 바로잡을 수 없고, 걱정한다고 미래가 손에 잡히지는 않는다. 그렇게 쉬운 걸 몰랐던 나는 현재에 집중할 수 없었고 소중한 시간을 흘려보내고 있었다. 특히 행복에 대해선 더 그랬다. 행복이 미래에 있다고 굳게 믿었다. 내일 행복하려고 오늘을 살았고 지금의 고생을 당연히 여겼다. 생각하는 미래에 가까이 가지 못하는 나를 보며 채찍질하고 미워했다. 오늘을 참아내면 내일의 행복이 당연히 보장되어 있을 거라 믿었다. 내일 행복해지려고 오늘은 잠을 못 자고 끼니를 거르고 몸과 마음이 아파도 견디면서 주위사람들과 나에게 소홀했다. 하지만 오늘이 행복하지 않은데 과연 내일이 행복할 수 있을까?

쌓아두었던 짐을 정리하다가 친구에게 오래전 받은 크리스마스카드를 찾았다. 카드에는 "우리 지금은 힘들지만, 점점 나아질 거야."라고 쓰여 있었다. 그렇게 내일은 나아질 거라 생각하고 열심히 살았는데 나는 늘 힘들었다. 아무리 애를 써도 그놈의 내일은 오지 않았다. 그리고 앞으로도 절대 오지 않을 것만 같았다. 그러다 파울로 코엘료의 『연금술사』를 만났다. 평소 소설은 좋아하지 않아 한참 인기가 있을 때도 볼 생각은 하지 못했는데 뒤늦게 호기심이 일었다. 생각보다 빠르게 읽혔고 예상외로 공감 가는 부분이 많았다. 특히 사막에서 만난 낙타몰이꾼의 한마디는 내 마음을 울렸다.

"내겐 오직 현재만이 있고, 현재만이 유일한 관심거리요. 만약 당신이 영원히 현재에 머무를 수만 있다면 당신은 진정 행복한 사람 일게요."

나도 모르게 이마를 탁! 쳤다. 그래, 행복은 미래가 아닌 지금 여기에 있었다. 지금 여기서 행복을 느낄 수 있어야 내일의 행복도 가질 가능성이 있다. 행복, 그게 뭔지도 모르는 사람이 어떻게 충만한 행복감을 느낄 수 있을까? 옛말에 "고기도 먹어본 놈이 잘 먹는다."라고 하지 않던가? 내일은 잘 살아낸 오늘의 결과고 행복에도 연습이 필요하다. 그동안 나는 수시로 찾아온 그 행복을 오지 않은 미래에 대한 불안감 때문에 알아보지 못했다. 참 어리석었다.

문득 어릴 적 들었던 파랑새 이야기가 떠올랐다. 많은 곳을 찾아 헤매 다녔지만 결국 행복의 파랑새는 아주 가까이에 있었다는 이야기. 책에서 주인공이 포함된 무리는 목표를 찾아 이동 중이었고 시도 때도 없이 나타나 괴롭히는 강도떼와 길어지는 사막여행에 모두 지쳐가고 있었다. 그러던 어느 밤, 낙타몰이꾼은 목표가 가까워지고 있음을 주인공에게 말해주었다. 왜 지금 당장 가지 않는지 주인공이 물었을 때

그는 말했다. "지금은 잘 시간이니까."라고. 그는 현재만큼 중요한 것은 없고 현재를 잘 살아내야 행복할 수 있다는 것을 잘 알고 있었다.

우리는 행복하기 위해 내일을 담보 삼아 오늘의 나를 착취한다. 적어도 나는 그랬다. 물론 내일은 없을 것처럼 오늘 하루에 모든 것을 몰아넣는 것은 문제가 있다. 하지만 그저 오늘의 나를 충분히 즐기고 느낀다면 행복하지 않을 이유가 없다. 행복은 마음가짐이라는 걸 알고 난 후로는 조금 덜 불안해졌다. 아니, 충분히 행복을 즐기며 살고 있다. 사소하고 작은 일에도 행복을 느낄 줄 아는 내가 기특했다.

여전히 불쑥 찾아오는 불안감을 만나기도 한다. 내일이 어떻게 될지 알 수 없고 정해진 게 없는 요즘 같은 때면 더 그렇다. 그래도 이제는 마냥 불안해하지는 않는다. 막연하게 '어쩌지? 어쩌지?'하며 발을 동동 구르는 대신 '아! 지금 내가 재계약 때문에 불안하네?' 하고 내 상태와 원인을 알아챈다. 불안한 감정에만 집중하면 정확한 판단이 어렵지만, 원인을 알면 해결할 방법도 보인다. 현재에 집중하면서 얻게 된 불안감 해소 방법이다. 최대한 나를 객관적으로 보고 판단하고 행동한다.

마냥 행복만 추구하기엔 아무것도 정해진 것은 없다. 불안하지 않다고 하면 거짓말이다. 하지만 지금 내게는 내가 쉴 집이 있고 일용할 양식이 있고 함께 울고 웃으며 마음을 나눠줄 가족과 친구가 있다. 무엇보다 오지 않은 미래에 휘둘리지 않고 현재를 충분히 즐길 수 있을 만큼 단단한 내가 되었다. 그렇게 잘 지낸 하루 끝에 행복을 맛볼 수 있고 혼자서도 그걸 알아챌 수 있다.

  오늘도 정해진 일정을 잘 마치고 집 앞 탄천을 달리며 하루를 마감했다. 열심히 달리며 굵은 땀을 충분히 흘리고 나니 개운하기 이를 데 없다. 그야말로 건강한 하루의 마무리 아닌가? 그렇다고 오늘의 일정이 모두 성공적이었던 건 아니다. 며칠 잠을 설쳤고 그 영향인지 준비했던 시험은 '똑' 떨어졌다. 필기시험은 한 번에 통과했는데 실기는 벌써 네 번째 낙방이다. 분명 지난 시험장을 나서면서 '오! 한 번 더 보면 붙을 것 같은데?'라고 했었는데 이번에도 시원하게 미끄러졌다. 그래도 괜찮다. 그 시험에 통과하지 못했다고 인생이 끝나는 것도 아닌데 그 이유로 내 소중한 하루를 망치게 둘 수는 없다. 그냥 다음 시험을 볼 내일의 나에게 맡겨두면 그만이다. 나는 같은 시험을 네 번이나 떨어진 내가 전혀 부끄럽지 않다. 나는 포기하지 않을 것이고 그 과정에서도 많은 것을 배웠기 때문이다.

  좀 불안하면 어떤가? 흔들리면 또 어떤가? 불안하면, 흔들리면 안 된다고 누가 그랬나? 아무도 그렇게 말한 사람은 없다. 혼자 스스로를 다그쳤을 뿐이다. 오지 않은 미래는 얼마든지 바꿀 수 있고 정해진 다음에 고민해도 늦지 않는다. 그러다 조금 늦더라도 괜찮다. 인생 전체로 보면 아주 약간일 뿐이다. 어떤 결정을 하더라도 어떤 속도로 가더라도 내가 나라는 사실은 변하지 않는다. 그래서 난 오늘도 행복하다.

> 오늘의
> 필사 문장

"내겐 오직 현재만이 있고, 현재만이 유일한 관심거리요. 만약 당신이 영원히 현재에 머무를 수만 있다면 당신은 진정 행복한 사람일게요."

파울로 코엘료 『연금술사』

7. 묵묵함의 힘

토요일 아침 8시 반. 눈은 떴지만 일어나지는 않은 채 침대에 누워있다가 전화벨 소리에 몸을 일으켰다. 매주 토요일 오전 딸의 생사를 확인하려는 엄마의 전화다.

"바빠?"
"아니, 아직 안 일어났어."
"새벽에 시장 다녀왔어?"
"아니 그냥 일어나기 싫어서 누워있는 중."
"얼른 일어나. 지금이 몇 시인데 아직도 누워있어?"

자영업자에게 휴일이 없기는 하지만 춥다는 핑계로 게으름 좀 피워보려 했더니 엄마에게 딱 걸렸다. 주위에서 나는 부지런함의 대명사인데 일흔이 넘어서도 여전히 성실하게 일하는 엄마에게 난 잔소리를 들어야 하는 딸내미일 뿐이다. 어차피 오늘 할 일이 산더미인데 엄마의 사랑 가득한 잔소리를 들은 김에 일어나야겠다.

유난히 피곤한 한 주다. 일이 일을 낳는 중인지 내가 일을 낳는 중인지 해도 해도 끝이 없다. 하다 지쳐 "제발 좀 그만!"을 외치고 싶을 때가 한두 번이 아니다. 게다가 한참을 경주마처럼 옆도 뒤도 안 보고 앞만 보고 달렸더니 지쳐서인지 속도도 잘 안 난다. 생각해 보니 이 중에 절반 이상은 내가 벌인 일이다. 내 발등을 내가 찍었다. 아뿔싸! 또 내일이 없는 사람처럼 대책 없이 저질렀구나. 그래, 언제나 문제는 나였다. 늘 하는 생각이지만 나란 놈, 답도 없다. 아! 이대로 딱 사라져 버렸으면 좋겠다.

하지만 매번 일을 저지르는 나보다 더 신기한 건 그걸 꾸역꾸역 해내는 나다. 일을 벌일 때는 아무 생각도 없는 사람처럼 무턱대고 저질러 놓고 점점 시간이 가까워지면 여지없이 눈앞이 깜깜해져서 도망가고 싶다. 그러다가도 막상 닥치면 결국 어찌어찌 해내는 것이다. 할 때마다 "뭐야? 이걸 한다고? 이게 진짜 된다고?" 하면서. 내가 하지만 내가 봐도 놀랍다. 그래서 힘든 줄 알면서 고민 없이 또 일을 저지르나 보다.

가만 보자. 일을 벌일 땐 분명 무모했는데 나는 어떻게 이 일들을 다 해내는 걸까? 대단한 능력자도 아니면서 나는 대체 뭘 믿고 이러는 걸까? 내가 할 수 있는 것도 믿는 것도 하나 있기는 하다. 엄마 아빠에게 보고 배운 성실함. 눈이 와도 비가와도 더워도 추워도 아파도 슬퍼도 맡은 일은 해내는 묵묵함. 특별한 일이 없으면 일단은 하고 보는 지구

력. 그렇게 묵묵하게 쌓아온 하루하루가 오늘의 나를 만들었고 나의 유일한 믿을 구석이 되었다.

나를 버티고 움직이게 하는 힘, 그 역시 나의 꾸준함이다. 그게 나의 힘이라는 걸 알게 된 이후 대단한 뒷배를 얻은 것처럼 몹시 든든해졌다. 내가 어떤 일을 만날 때 그걸 감당할 수 있는지를 고민하지 않게 된 건 그때부터였다. 아무것도 그 누구도 믿지 못하던 내가 나를 믿고 일을 저지르기 시작했다. 어차피 해야 할 일이라면 할 수 있는지는 중요하지 않다. 괜찮아도 괜찮지 않아도 일단 하는 거다. 그렇게 하다 보면 시간은 지나있고 그 묵묵함의 힘으로 나는 매번 해내고 있었다. 가뿐하든 꾸역꾸역이든 어떻게든 해냈고 그것만으로도 충분했다.

가와이 하야오의 『왈칵 마음이 쏟아지는 날』은 제목이 마음에 들었다. 나는 감성적인 사람이라 책을 고를 때 제목을 보고 고르는 경우가 많다. 따스한 빛이 쏟아지는 것 같은 표지도, '아무 일 없이 오늘을 살아내는 나에게'라는 부제도 퍽 좋았다. 마음이 쏟아지고 오늘을 살아낸다니. 어디선가 본 것 같지만 낯설고 섬세한 표현이 내 마음을 가만히 쓸었다. 책 속에서는 지구력이 특장점인 나를 위로하는 듯한 문장 하나에 특히 끌렸다.

"어쨌든 일단 살아갑니다. 괜찮지 않은 날도 아무 일 없이 '살아내는' 것. 그것만으로도 대단한 일을 하고 있습니다. 우리는."

사는 동안 한순간도 스스로 특별하다고 생각해 본 적 없었다. 오히려 특별히 잘하는 것 없이 지극히 평범한 사람이라고 굳게 믿었다는 것이 맞겠다. 하지만 너무 평범해서 딱히 쓰일 데가 없다고 생각했던 그때도 묵묵함은 나의 장점이자 힘이 되어 나를 지키고 살아내게 했다. 어떤 상황에서도 움직이고 별일 없이 살아가는 그것만으로도 나는 더할 나위 없이 대단하고 훌륭했다. 그렇게 마음이 왈칵 쏟아지더라도 나는 묵묵하고 기특하게 오늘 하루를 살아낸다.

오늘의 필사 문장

"어쨌든 일단 살아갑니다. 괜찮지 않은 날도 아무 일 없이 '살아내는' 것. 그것만으로도 대단한 일을 하고 있습니다. 우리는."

가와이 하야오 『왈칵 마음이 쏟아지는 날』

8. 나의 계절은 아직 오는 중

'휴, 언제쯤일까? 언제까지 하면 될까? 끝이 있기는 할까?'

큰일이다. 가을을 타는 건지 점점 의욕이 떨어지더니 요즘 난 '아무 것도 하기 싫어 병'에 걸려버렸다. 그렇다고 진짜 아무것도 안 하기엔 할 일이 너무 많아서 안 할 수는 없다. 어차피 할 일이지만 "할까? 말까? 아우! 하기 싫어!"를 수백 번쯤 내뱉다 더는 피할 수 없을 때가 되어서야 겨우 하는 중이다. 그 좋아하는 러닝을 하는데도 옷 입고 나서는 데까지 두어 시간이 걸리고 현관을 나서면서도 머뭇거리며 "아! 가지 말까?"를 수없이 내뱉는다. 그 사이에도 시간은 흐르고 조바심은 살금살금 찾아든다.

나와 비슷한 시기에 책을 낸 어떤 초보 작가는 이미 한 달 만에 몇 쇄를 찍었고 친한 동생은 집을 샀고 예전 동료는 잘 알려진 글로벌 회사에 좋은 조건으로 이직을 했다. 또 가까운 프리랜서 지인은 여기저기 찾는 데가 많아 몸이 열 개라도 바쁘다. '난 뭘 한 거지?' 이렇게 노력을 해도 안 되는 거면 그냥 머리가 나쁜 게 아닐까? 그래서 열심히 산다고 살았는데 나한테는 운도 안 따르는 게 아닐까? 이 와중에 사람들이 작가님이라 불러주니 잘나가는 작가라도 되는 것처럼 허울 좋은 한량 놀이 하는 건 아닌가 싶은 자괴감도 수시로 든다. 아니다. 한량은 직업은 없어도 양반은 되었다. 게다가 진짜 훌륭한 작가님들은 지금도 의자에서 엉덩이 한 번 못 떼고 노트북과 한 몸이 되어 글을 쓰고 있을 텐데 나는 가진 것도 없이 겉멋만 잔뜩 들었다.

말이 좋아 글도 쓰고 꽃도 만지고 컨설팅도 하는 N잡러이지 그냥 반백수 아닌가? 세상 최고 긍정주의자인 양 넋 놓고 살다가 정신이 번쩍 들 때마다 '이게 맞나?' 하는 고민에 빠진다. 그놈의 비교는 시작만 했다 하면 마음이 힘들어져서 하지 않으려고 애를 쓰고 살았다. 그런데도 들리는 거라고는 나 빼고 다들 잘되는 이야기뿐이라 족족 불안하고 초조하고 불편하다. 어째 걱정 인형이 긍정주의자가 되었다 했더니 역시 사람은 안 변하나 보다. 세상이나 다른 사람에 대한 원망보다는 부끄럽고 허탈한 마음이 불쑥 든다. 나이 오십이 다 되어도 여전히 여물지 못하는 내가 참 우습다.

다행인지 아무것도 하기 싫은 와중에도 책은 읽혔다. 김지윤의 『연남동 빙굴빙굴 빨래방』을 만난 건 그즈음이었다. 사실 나는 소설보다는 에세이를 더 좋아한다. 굳이 분야를 가려 읽는 건 아니지만 책을 읽다 보면 유난히 소설의 비중이 작았다. 소설인 이 책을 처음 만난 것도 다른 에세이에 소개된 문장 하나 때문이었다. "너는 꽃이야. 너는 너의 계절에 피어날 거야." 읽기만 해도 가슴이 따뜻해지는 이 문장의 앞

뒤로는 어떤 이야기가 펼쳐졌을지 궁금해 바로 책을 구매했다. 그리고 책 속에서 다시 찾은 문구.

"넌 필거야. 네 계절에. 넌 분명 꽃이거든."

'넌 분명 꽃.' 나도 꽃일까? 꽃일 수 있을까? 롤러코스터 타는 것 같던 마음이 조금 잦아들었다. 가슴 저 아래쪽이 포근해진다. '어쩌면' 이 아니라 나는 '분명' 꽃이다. 책 속 이야기처럼 생각보다 봄은 일찍 온다. 나도 봄이 코앞인데 봄을 시샘하는 꽃샘추위의 방해로 시간이 조금 더 걸릴 뿐이다. 지금은 그저 잘 달리다 툭 튀어나온 돌부리를 보지 못하고 걸려 넘어진 거다. 넘어진 김에 쉬어가자. 그동안 애쓴 내가 나에게 보내는 신호일지도 모른다. 쉬는 동안은 죄책감 따위도 넣어두자. 그렇게 잠시 쉬고 나면 달릴 때 뺨에 닿는 바람에 또 설레게 될 테니까. 그러고 보면 참 다행이다. 잘 읽지 않는 소설을 다른 책을 읽다 만나고 그 안에서 나의 위로를 찾았으니. 이렇게 우연히 만난 책 속 한 문장으로 또 나를 추스르고 일어날 수 있으니.

지쳐서 다 놓고 싶었던 마음을 스스로 도닥일 수 있을 때 기다린 듯 TV 속에서 김영랑 시인의 시 한 구절도 위로를 보탰다. "모란이 피기까지는 나는 아직 나의 봄을 기다리고 있을 테요."

그래, 지칠 때는 조금 앉아 쉬고 그러다 괜찮아지면 다시 나아가면 된다. 그때는 다시 행운이 내 편이 될 거다. 지금은 좀 더 쉬자. 나를 조금만 더 기다려주자. 그리고 다시 나아가자. 느리지만 꾸준히 나를 향해 오고 있는 나의 봄 앞으로.

오늘의 필사 문장

"넌 필거야. 네 계절에. 넌 분명 꽃이거든."

김지윤 『연남동 빙굴빙굴 빨래방』

제2장

나의 감정을 들여다볼 수 있었던 한 문장

김소연

1. 놓아주는 마음, 머무는 따뜻함

살다 보면 마음이 버거워지는 순간이 온다. 관계에서, 삶에서, 그리고 나 자신에게서도. 어떤 감정은 오래 곱씹을수록 깊이 스며들고, 어떤 상처는 놓지 못할수록 더 아프다. 그럼에도 우리는 종종 불필요한 감정을 움켜쥐고 놓지 못한 채 애써 버티려 한다.

"우리 서로를 놔두고 보내주자. 쓸데없는 미움에 소중한 마음의 체력까지 낭비하지는 말자. 우리의 마음은 더욱 소중한 곳에 쓰여야 하니까." 최대호의 『좋은 것만, 오직 좋은 것만』 중의 한 구절이다.

이 문장을 처음 읽었을 때, 오래 묵혀둔 감정들이 떠올랐다. 어린 시절, 나는 한 번 틀어진 관계를 쉽게 회복하지 못하는 아이였다. 서운함을 품고 있다가 결국 그 감정에 지쳐 내가 먼저 손을 놓아버리곤 했다. 그러면서도 한편으로는 속으로 계속 대화를 반복했다. '그때 내가 조금 더 솔직했더라면 어땠을까?', '조금 더 이해하려 했으면 달라졌을까?'

어른이 되어서도 그런 패턴은 쉽게 바뀌지 않았다. 가까운 친구와 작은 오해가 쌓였을 때, 나는 관계를 회복하려 애쓰기보다 감정을 방치했고, 시간이 지나자 어느새 멀어진 채 남아 있었다. 미안한 감정보다는 서운함이 먼저였다. 하지만 한참이 지나서야 깨달았다. 그 순간 내가 붙들었던 것은 상대가 아니라, 내 자존심이었음을.

관계를 회복하는 것만큼이나 중요한 것은 때로는 관계를 놓아주는 것이다. 우린 모든 인연을 영원히 붙잡고 있을 수 없고, 모든 감정을 끝까지 끌어안고 있을 수도 없다. 억지로 잡아 두려 하면 손가락 사이로 모래알처럼 빠져나가 버리는 것이 관계이기도 하다.

한동안 나는 '내 마음이 머물러야 할 곳'을 고민했다. 그리고 이제는 알 것 같다. 미움과 원망의 시간을 쏟기보다, 따뜻한 감정을 오래 지키는 것이 더 가치 있다는 걸. 어떤 인연은 곁에 남고, 어떤 인연은 멀어질 수밖에 없지만, 그것이 꼭 불행한 일은 아닐 것이다.

어느 날, 예전에 소원했던 친구의 SNS를 우연히 보게 되었다. 우리는 한때 가장 친한 친구였지만, 오해와 감정이 쌓이면서 점점 멀어졌었다. 시간이 지나면서 미움은 희미해졌지만, 먼저 연락을 할 용기가 나지 않았다. 그러나 그 친구의 밝은 모습과 글을 읽으며 깨달았다. 우리를 갈라놓았던 감정보다 더 중요한 것은 서로가 행복하게 잘 살아가고 있다는 사실이었다.

바람이 불면 나뭇잎은 흔들리지만, 나무는 흔들리지 않는다. 우리의 감정도 그렇다. 순간의 감정은 쉽게 요동치지만, 그 아래 단단한 신뢰와 따뜻한 기억은 쉽게 사라지지 않는다. 나는 가끔 우리 사이가 달라지지 않았다면 어땠을까 생각하지만, 이제는 아쉬움을 남겨두기보다 따뜻한 마음으로 응원하고 싶다. 그 친구도, 나도, 우리가 함께했던 시간도 소중했으니까. 미움보다는 기억 속에서 따뜻한 순간들만 남기고 싶다.

우리는 종종 '이 관계를 계속 이어가야 할까?' 고민하곤 한다. 때로는 억지로 관계를 붙들고 있는 것이 오히려 더 힘겨운 일이 된다. 애써 이어가려 하면 피로해지고, 차라리 자연스럽게 놓아줄 때 더 따뜻한 기억으로 남기도 한다. 놓아준다고 해서 사랑이 사라지는 것은 아니다. 미움이 사라지고, 원망이 사라지고, 오히려 그 안에 담긴 소중한 순간만이 선명하게 남는다.

이제는 그렇게 생각한다. 놓아준다는 것은 포기가 아니라, 나의 마음을 더 소중한 곳에 쓸 수 있도록 하는 연습이라고. 관계에 지쳤을 때, 감정에 지쳐버렸을 때, 다시 나에게 묻는다. '이 감정이 내 마음을 지치게 하는가, 아니면 더 넓어지게 하는가?'

우리의 마음은 더 소중한 곳에 쓰여야 하니까. 이제는 정말, 그렇게 하고 싶다. 그리고 그 연습을 계속해 나가려 한다.

사람이 머무는 곳은 기억이다. 따뜻했던 순간들이 모여, 지금의 나를 이루고 있다. 놓아주더라도, 그 온기는 남아 마음 한구석에서 오래도록 나를 비춰줄 것이다. 어쩌면 그렇게 놓아주는 일이야말로, 가장 따뜻한 사랑의 방식일지도 모른다.

오늘의 필사 문장

"우리 서로를 놔두고 보내주자. 쓸데없는 미움에 소중한 마음의 체력까지 낭비하지는 말자. 우리의 마음은 더욱 소중한 곳에 쓰여야 하니까."

최대호 『좋은 것만, 오직 좋은 것만』

2. 쉼, 나를 다시 채우는 시간

하루의 수업을 마치고 집에 돌아오니 피로가 온몸에 스며들었다. 가방을 내려놓고 무심코 책을 펼쳤다. 김창옥의 『지금까지 산 것처럼 앞으로도 살 건가요?』. 책장을 넘기던 내 시선을 멈추게 한 문장이 있었다.

"내 안의 샘물이 말랐을 때 잠시 쉬어가세요."

이 문장은 마치 나를 향한 속삭임처럼 들려왔다. 평소 같았으면 그냥 스쳐 지나갔을 텐데, 그날은 그 문장이 내 마음 한가운데 닿았다. 바쁘게만 살았던 나의 일상이 떠올랐다. '이렇게 열심히 달려왔는데 멈추면 안 돼'라는 생각으로 나 자신을 계속해서 몰아붙였다. 아침에 눈을 뜨면 해야 할 일들이 머릿속에 떠올랐고, 그 일들이 나를 하루 종일 재촉했다. 청소, 빨래, 식사 준비, 업무까지 이어지는 일상. 주말에도 할 일들은 더 쌓여 있었고, 쉼이라는 단어는 나에게 너무 멀게만 느껴졌다. '쉬면 일이 밀릴 거야.'라는 두려움 속에서 나는 끝없이 달리기만 했다.

그러다 어느 날, 몸은 더 이상 나를 따라주지 않았다. 그날도 나는 정신없이 하루를 보내고 있었다. 그러다 손에 들고 있던 접시가 힘없이 미끄러져 바닥에 떨어졌다. 산산이 조각난 접시.

마치 내 안에서 무언가가 함께 부서지는 듯했다. 바닥에 주저앉아 깨진 조각들을 멍하니 바라보았다. 손끝이 닿으면 사르르 부서질 것 같은 나의 마음, 이미 오래전부터 균열이 갔었던 것인지도 모른다. 어지러움과 무기력감이 한꺼번에 밀려왔다. 아무것도 손에 잡히지 않았고, 아무 말도 할 수 없었다. 나는 그 자리에서 천천히 숨을 들이마셨다. 이제는 더 이상 내 몸이 보내는 신호를 외면할 수 없었다.

머릿속이 텅 빈 듯한 순간, 김창옥 저자의 그 구절이 다시 떠올랐다. "내 안의 샘물이 말랐을 때 잠시 쉬어가세요." 그제야 깨달았다. 내가 지금 필요한 것은 더 큰 노력이 아니라, 잠시 멈추는 용기라는 것을. 무리하게 흐르던 물이 언젠가 메말라 버리듯, 나는 스스로를 말려가고 있었다. 쉼 없이 흘러가는 강물도 때로는 고요히 머물며 흐름을 가다듬는다. 나도 그럴 필요가 있었다.

그날 이후로 나는 며칠 동안 강제로 쉬어야 했다. 처음에는 불안함이 가득했다. '이렇게 쉬면 내가 하던 일들이 다 밀리면 어쩌지?'라는 생각이 떠나지 않았다. 일을 멈추는 것은 마치 뒤처지는 것처럼 느껴졌고, 내가 쌓아온 흐름이 끊길까 두려웠다. 하지만 문득 창밖을 바라보며 깊이 숨을 들이마셨다. 익숙하지 않지만, 이렇게 아무것도 하지 않는 것도 나름의 의미가 있겠다고 생각했다. 시간이 흐르면서 점차 마음이 차분해졌다. 일을 멈추고 나니, 오랜만에 내 주변을 돌아볼 수 있는 여유가 생겼다.

그동안 내가 얼마나 앞만 보고 달려왔는지, 내 곁에 있는 소중한 사람들을 얼마나 놓치고 있었는지 깨닫게 되었다. 아이들과의 대화도 부족했고, 가족들과 함께하는 시간은 그저 '할 일을 마친 후에 겨우 갖는 짧은 휴식'처럼 느껴졌다. 내가 중요하다고 여겼던 일들이 정작 내 삶의 중요한 부분들을 뒷전으로 밀어내고 있었다는 사실을 깨닫게 되었을 때 마음이 무거워졌다. 하지만 이번 쉼의 시간을 통해 나 자신을 돌아보고 앞으로 나아갈 방향을 재정비할 수 있었던 점에서 위안을 얻었다. 마치 비 온 뒤 맑아진 하늘처럼 내 마음도 차츰 맑아지고 있었다.

며칠간의 휴식 후 나는 다시 일상으로 복귀했다. 여전히 바쁜 하루가 이어졌지만, 그때와는 분명히 달랐다. 이제 더 이상 나 자신을 무리하게 몰아붙이지 않겠다고 다짐했다. 모든 일을 완벽하게 하려는 욕심을 내려놓고 내가 할 수 있는 만큼만 하기로 했다. 일을 할 때는 집중하고 쉴 때는 온전히 쉼을 즐기기로 결심했다. 그렇게 하니 몸도 마음도 훨씬 가벼워졌다. 신기하게도 일을 할 때 집중도 더 잘되었고, 일의 효율도 높아졌다. 쉼을 통해 얻은 에너지가 마치 봄날의 햇살처럼 나를 더 힘차게 만들어 주었다.

이제 쉼의 중요성을 진심으로 깨닫는다. 멈추어 서는 것은 결코 뒤처지는 게 아니었다. 그 시간 동안 나는 앞으로 더 나아갈 준비를 할 수 있었다. 쉼은 나를 재정비하고 나아갈 방향을 새롭게 설정해 주는 과정이었다. 그래서 이제는 스스로에게 쉼을 허락하기로 했다. 그 시간이 나에게 큰 힘을 줄 것이라는 확신이 들었다. 이제는 쉼을 사치로 여기지 않고 그 시간을 소중히 여긴다. 쉼을 통해 나는 더 멀리, 더 단단하게 나아갈 수 있다는 것을 깨달았기 때문이다.

쉼이 두려운 사람들에게 말하고 싶다. 멈추는 것은 뒤처짐이 아니다. 오히려 나를 다시 일으켜 세우고 앞으로 나아가게 하는 힘이다.

나 자신에게 쉼을 허락할 때 비로소 진정한 힘이 생긴다. 우리는 모두 자신만의 속도로 걸어가야 한다. 잠시 멈춰서 나를 돌아보고 다시 나아갈 힘을 얻는 것. 그것이야말로 진정한 쉼의 의미다. 쉼을 통해 우리는 더 큰 내일을 준비하고, 그렇게 여유롭게 흐르는 삶을 살 수 있다.

강물도 쉼 없이 흐르지는 않는다. 때로는 조용히 머물며 세상을 바라보고, 다시 힘을 내어 흐르기 위해 기다린다. 그 흐름 속에서 우리는 더 단단한 마음으로 새로운 시작을 향해 한 걸음씩 내디딘다.

그렇게, 우리의 삶은 다시 이어진다.

오늘의 필사 문장

"내 안의 생물이 말랐을 때 잠시 쉬어가세요."

김창옥 『지금까지 산 것처럼 앞으로도 살 건가요?』

3. 시간이 남긴 선물, 그리고 부모의 계절

부모가 된 순간, 내 인생에도 새로운 계절이 찾아왔다. 작은 손을 꼭 쥐었을 때, 그 온기 속에서 봄의 새싹처럼 조용히 피어나는 사랑을 느꼈다. 아이가 자라는 동안, 나도 부모로서 성장해 나갔다. 손을 잡고 함께 걷던 길, 아이의 첫걸음과 함께 떨리던 내 마음, 그리고 서로를 바라보며 지었던 따뜻한 미소까지. 그렇게 우리는 함께 계절을 지나 왔다.

시간이 흐르며 아이들은 여름의 뜨거운 에너지처럼 점차 부모의 품을 벗어나 넓은 세상으로 향한다. 그럴 때마다 부모는 아이들이 떠나는 방향을 바라보며 아직 함께할 시간이 부족하다고 속삭이는 작은 바람을 느낀다. 아이들이 점점 멀어질 때마다 부모는 아쉬움과 그리움이 마음 한편에 잔잔히 남는 것을 깨닫는다.

얼마 전 집 안을 정리하다 발견한 사진첩. 손에 닿는 앨범 표지가 낡아 있었다. 천천히 넘긴 페이지 속에서 아이들의 웃음소리가 들려오는 듯했다. 작은 손으로 내 옷자락을 잡고 있던 아이, 인형을 품에 안고 뛰어오던 딸, 걸음마를 떼며 환하게 웃던 아들. 사진을 넘길수록 기억은 더욱 선명해졌다. '이렇게 작고 소중했던 아이들이 이렇게 커버렸구나.'라는 생각에 마음 한편이 울컥했다. 한 장, 또 한 장. 넘길수록 그리움이 겹겹이 쌓여갔다.

이기주의 『언어의 온도』에서 "시간은 특히 부모에게 가혹한 형벌을 가한다."

이 한 구절이 떠올랐다. 정말 그렇다. 아이들은 하루가 다르게 성장하지만, 부모가 함께할 시간은 점점 줄어든다. 마치 모래시계 속 모래알이 빠르게 사라지듯. 손을 잡고 걷던 날들은 점점 희미해지고, 언젠가 아이들은 저만치 앞서 걸어갈 것이다. 나는 그 뒷모습을 바라보며 이 시간이 더디게 흐르길 바라지만, 시간은 멈춰주지 않는다.

사진을 넘기다 딸이 나를 꼭 안고 있는 사진에서 손길이 멈췄다. 그때의 해맑은 웃음과 따스함이 사진 속에 그대로 남아 있었다. 이어서 아들이 내 손을 꼭 잡고 활짝 웃고 있는 사진이 나왔다. 그 시절의 포근하고 행복했던 순간들이 다시 떠오르며 두 아이의 어린 시절이 얼마나 아름답고 소중했는지 느껴졌다. 사진 속에 담긴 그 순간들은 부모로서의 시간이 얼마나 귀했는지를 보여주는 소중한 기록이었다.

하지만 그 사진들을 보며 왠지 모를 쓸쓸함이 마음 한편에 찾아왔다. 그때의 시간은 다시 돌아오지 않는다는 현실. 이제 두 아이가 각각 자신만의 길을 걸어가고 있다는 사실이 가슴 깊이 와 닿았기 때문이다. 아이들이 내 손을 잡고 세상을 탐험하던 때가 엊그제 같은데 이제는 그 손이 점점 더 멀어져 가는 것 같아 아쉽고 그립다. 모래알처럼 빠르게 흘러간 시간이 사진첩 속에 고요히 잠든 것을 보며 부모로서 시간이 조금 더디게 흘렀으면 좋겠다는 생각이 들었다. 딸이 나를 보며 웃던 순간도, 아들이 내 손을 잡던 따스한 순간도, 이제는 모두 사진 속에만 남아 있다. 그러나 그 기억들이 여전히 내 마음속에 포근하게 남아 있기에 이 순간들도 언젠가는 소중한 추억이 될 거란 걸 안다.

 가을이 찾아오면 부모는 아이들이 만들어 낸 열매를 보며 자랑스러우면서도 쓸쓸함을 느낀다. 열매가 익어가고 그 열매가 다른 곳으로 흩어져 나갈 때 부모는 자신이 서 있는 자리에 남아 잎사귀들이 떨어지는 소리를 듣게 된다. 올해 딸은 하고싶은 것을 하기 위해 새로운 도전을 준비하고 있고 아들은 사춘기의 터널을 지나며 자신만의 길을 찾아가고 있다. 부모인 나는 그저 그 나무들이 건강하고 튼튼하게 자라기를 바라며 그 자리를 지킨다.

오늘의 필사 문장

"시간은 특히 부모에게 가혹한 형벌을 가한다."

이기주 『언어의 온도』

4. 견디는 시간, 나를 만나는 시간

살다 보면 예상치 못한 순간들이 불쑥 찾아온다. 기쁨과 기대 속에 살아가지만, 어느 날 갑자기 불안과 슬픔이 스며들기도 한다. 피하고 싶지만, 세상은 그런 순간들을 마주할 수밖에 없게 만든다. 우리는 결국 그 시간을 견뎌내야 한다.

문득 떠오른 구절이 있다. 박준의 『운다고 달라지는 일은 아무것도 없겠지만』에 나온 한 문장.

"그래도 우리 이제 알잖아, 어떤 일이든 지나간다는 걸. 그래서 안달복달하지 않고 기다릴 줄도 알게 됐잖아."

한 글자 한 글자, 이 문장이 나에게 조용히 말을 걸어왔다. '그래, 결국 모든 것은 지나가. 하지만 나는 그 시간을 어떻게 지나왔지?'

나는 감정을 피하는 데 익숙했다. 마치 흘러가는 강물처럼 내 안에서 떠오르는 슬픔과 불안을 빠르게 흘러보내려 했다. 하지만 가라앉은 감정은 쉽게 사라지지 않았다. 겹겹이 쌓인 감정들이 어느 순간 나를 향해 속삭였다. '이제는 마주해야 할 시간이야.'

예기치 못한 사건으로 큰 슬픔을 겪어야 했던 어느 날, 나는 혼자서 그 무게를 온전히 견뎌야만 했다. 시간이 더디게 흐르고, 내 안에는 끝이 보이지 않는 불안과 두려움이 가득 차올랐다. 나는 그 모든 감정이 빨리 사라지기를 바랐다. 그 감정을 더는 느끼지 않기를, 빨리 지나가서 평온했던 일상으로 돌아오기를 간절히 바랐다. 그러나 시간은 그렇게 쉽게 나아지지 않았고, 나는 그 감정들을 억지로 덮어두며 하루하루를 버텨야 했다.

그날 밤, 나는 불 꺼진 방 안에서 한참을 앉아 있었다. 창밖에서는 가로등 불빛이 희미하게 흔들렸고, 정적이 공기 속을 감쌌다. 오로지 내 숨소리만이 공간을 메웠다. 감정을 피하려 했지만, 그 순간만큼은 도망칠 곳이 없었다. 내 안에 가라앉아 있던 슬픔이 천천히 밀려들어 왔다. 마치 파도가 밀려와 발끝을 적시듯, 내가 외면했던 감정들이 조용히 나를 감싸기 시작했다.

그동안 나는 감정을 견디기보다는 서둘러 흘려보내며 '견딤'이라는 과정을 충분히 느끼지 못한 채 지나왔는지도 모른다. 사랑하는 사람들과 함께하는 일상, 그리고 열정적으로 이루고 싶은 목표들로만 나를 채웠다. 하지만 정작 내 마음을 돌아보는 시간은 없었다. 나는 감정을 급히 흘려보내며 쫓기듯 살아가는 일에만 익숙해져 있었다. 그날 밤,

나는 처음으로 그 시간을 피하지 않고 견뎌보기로 했다. 천천히, 그리고 있는 그대로.

그 후로 나는 조금씩 달라지기 시작했다. 불안하거나 슬픈 순간이 찾아와도 예전처럼 서두르지 않고, 그 시간을 견뎌보기로 마음먹었다. 불안에 휩싸이거나 슬픔에 잠겨도 그 순간을 있는 그대로 받아들이고 나 자신과 마주하기 시작했다. 그제야 나는 조용히 나 자신에게 말했다. "괜찮아지기 위해서는 시간이 필요할 거야. 이 시간을 충분히 느껴보자." 그렇게 다독이며 나는 내 안의 조급함이 차츰 사라지고, 내 감정과 마주할 수 있는 진정한 시간이 찾아오게 되었다.

하루는 해 질 무렵 공원을 거닐며 그동안 내가 지나온 시간을 되돌아보았다. 내 안에 억눌려 있던 여러 감정이 하나하나 얼굴을 내밀고 나를 향해 다가왔다. 나는 얼마나 많은 감정을 피하려 했는지, 그 과정에서 나 자신을 얼마나 멀리 두었는지 깨달았다. 마치 오랜만에 만난 친구처럼 내 감정들이 내게 말을 걸어왔다. 그 순간, 나는 시간이 필요하다는 것이 단순히 고통을 덮어두기 위함이 아니라 그 시간을 통해 나를 깊이 이해하는 과정이라는 것을 알게 되었다.

박준 시인의 이 구절은 시간의 의미를 새롭게 일깨워 주었다. 우리는 흔히 감정을 흘려보내고 잊으려 애쓴다. 진정으로 괜찮아지기 위해서는 그 시간을 견디며 내 감정을 하나씩 바라봐야 한다. 그리고 깨닫는다. 나의 깊은 내면을 마주하는 과정이 필요하다는 것을. 그 시간을 견디는 순간들이 나를 더욱 깊이 이해하고 진정한 나를 발견하게 해주는 길임을 알게 된다.

살다 보면 또다시 견뎌야 할 시간이 찾아오겠지만, 이제 나는 안다. 감정은 피할 것이 아니라, 나 자신과 더 깊이 만나는 과정이라는 것을. 언젠가 다시 불안이 찾아오더라도, 나는 안달복달하지 않고 그 시간을 견디며 나를 더 이해하게 될 것이다. 그리고 그렇게, 나는 조금 더 단단해질 것이다.

오늘의 필사 문장

"그래도 우리 이제 알잖아, 어떤 일이든 지나간다는 걸. 그래서 안달복달하지 않고 기다릴 줄도 알게 됐잖아."

박준 『운다고 달라지는 일은 아무것도 없겠지만』

5. 꽃이 진 자리, 삶을 감싸는 것들

어릴 적 기억 속에서 유독 또렷하게 남아 있는 장면들이 있다. 졸업식의 뭉클함, 첫 여행에서 마주한 낯선 풍경, 사랑하는 사람들과 나눈 깊은 대화들. 그 순간들은 마치 내 삶의 하이라이트처럼 반짝이며 마음속 깊은 곳에 자리 잡고 있다. 하지만 시간이 지나면서 깨닫게 된 것은, 그런 특별한 순간들만이 인생을 이루는 전부는 아니라는 사실이다. 오히려 우리의 삶을 지탱하는 힘은 매일 반복되는 평범한 일상에서 온다는 것을 알게 되었다.

이해인의 『꽃이 지고 나면 잎이 보이듯이』 속 한 구절이 떠오른다.

"우리가 주고받는 일상의 평범한 몸짓과 조그마한 배려가 담긴 마음의 표현들이 사실은 사랑인 것을 기억하게 해 주소서."

이 문장은, 삶의 가장 깊은 뿌리가 어디에 있는지를 조용히 깨닫게 한다. 꽃이 만개했을 때, 우리는 그 화려함에 쉽게 시선을 빼앗긴다. 강렬한 색감과 향기가 모든 주의를 사로잡는다. 하지만 시간이 지나 꽃이 지고 나면, 잎사귀들이 남아 조용히 배경을 이룬다. 잎은 꽃처럼 화려하지 않지만, 그 푸르름이 모든 것을 지탱하며 삶의 안정감을 준다. 인생도 이와 닮았다. 특별한 순간들은 짧고 강렬하게 스쳐 지나간다. 그러나 그 이후의 조용한 시간이 우리의 삶을 진정으로 형성한다. 마치 꽃잎이 모두 떨어진 후 잎사귀들이 잔잔한 푸름으로 남아 삶을 감싸듯, 평범한 일상이 우리를 지탱하는 힘이 된다.

내 하루의 일상에서도 잎사귀 같은 소소한 순간들이 가득하다. 아침에 눈을 떠 창문을 열며 마시는 커피 한 잔, 퇴근 후 가족과 나누는 짧은 대화, 잠들기 전 하루를 떠올리며 조용히 정리하는 시간. 특별한 것 없는 이 순간들이 하나하나 모여 내 삶을 이루고 있다. 반복되는 일상 같지만, 그 안에는 삶의 깊이가 담겨 있다. 때로는 이런 평범한 순간들 속에서 내가 누리고 있는 안정감과 위로의 크기를 새삼 깨닫곤 한다.

한 번은 큰 슬픔을 겪은 적이 있었다. 모든 것이 무너질 것 같았고, 그 슬픔은 내 삶을 휘청이게 했다. 당시에는 특별한 해결책이나 커다란 위로가 필요하다고 생각했다. 하지만 시간이 지나 돌아보니, 나를 지탱해 준 것은 그저 변함없이 내 곁에 있어 주었던 가족과 친구들의 조용한 배려였다.

그날 밤, 나는 불 꺼진 방 안에서 한참을 앉아 있었다. 창밖에서는 가로등 불빛이 희미하게 흔들렸고, 공기 중에 정적이 내려앉았다. 조용한 방 안에서 오로지 내 숨소리만 들려왔다. 감정을 피하려 애썼지만, 그 순간만큼은 도망칠 수 없었다. 슬픔이 가슴 한가운데에서 천천히 밀려왔다. 그런데 그런 밤들 속에서도 나를 감싸 준 것은 거창한 위로나 특별한 사건이 아니었다. 친구가 보내준 짧은 문자 한 통, 매일 아침 건네는 가족의 따뜻한 한마디가 나를 조금씩 회복시켰다. 특별한 일이 아닌, 그저 반복되는 일상 속 작은 순간들이 나를 다시 일으켜 세운 것이다.

사람은 누구나 크고 작은 슬픔과 고난을 겪는다. 그럴 때 우리를 일으켜 세우는 것은 화려한 사건이나 극적인 변화가 아니다. 눈에 띄지 않는 평범한 시간이 조용히 우리를 감싸며 잔잔한 위로를 준다. 어쩌면 이런 평범한 순간들이야말로 인생에서 가장 큰 위로이자 축복이 아닐까 싶다.

살다 보면 누구에게나 큰 사건이 지나가고 나면 새로운 일상이 찾아온다. 그 일상은 화려하지 않고, 때로는 지루하게 느껴질지도 모른다. 하지만 그 평범한 순간들이 쌓여 우리 삶을 이루고, 결국 우리를 단단하게 만든다. 특별한 무언가를 기다리기보다는 반복되는 일상에서 소소한 기쁨과 위로를 발견해 나가는 것이야말로 진정으로 삶을 풍요롭게 하는 방법임을 배운다.

어릴 적의 기억을 떠올려보면, 매일 반복되던 평범한 날들이 지금의 나를 만들어 주었다는 것을 느낀다. 부모님이 아침마다 해주시던 따뜻한 국 한 그릇, 친구와 길게 이어지던 전화 통화, 공부에 지쳐 잠깐씩 산책하던 길들이 오늘의 나를 단단하게 만들어 준 요소였다. 그때는 그 순간들이 특별하지 않아 보였지만, 지금은 그 모든 평범함이 내게 얼마나 큰 울림을 주는지 깨닫게 된다.

삶을 살아가다 보면 화려한 순간만을 추구하고 싶을 때도 있다. 더 많은 성취, 더 멋진 장면을 만들어내고 싶다는 마음이 들기도 한다. 하지만 화려한 순간이 지나고 나면 그 뒤를 채우는 것은 결국 반복되는 일상 속의 조용한 순간들이다. 우리는 그 순간들이 쌓여 만들어낸 인생의 빛 속에서 위로를 얻고 앞으로 나아갈 힘을 얻는다.

결국, 인생의 빛은 화려한 순간이 아니라 소소한 순간들이 모여 만들어진다. 오늘의 평범한 하루가 내 삶의 가장 큰 축복이라는 것을 잊지 않으려 한다. 이해인 시인의 말처럼, "우리가 주고받는 일상의 평범한 몸짓은 사랑."이라는 사실이 내 삶에 작은 울림으로 남아 있다. 지금, 이 순간에 소소한 행복을 소중히 여기는 것, 그것이 내가 바라는 삶의 모습이다.

살아가다 보면 우리 모두 더 큰 기쁨과 슬픔을 마주할 것이다. 하지만 그 모든 순간 뒤에도 우리를 지켜주는 일상이라는 든든한 잎사귀가 있음을 안다. 잎사귀처럼 소소한 순간들이 우리를 감싸 안아 준다는 것을 기억하며 오늘 하루의 작은 평안을 감사히 여기고 싶다.

> **오늘의 필사 문장**
>
> "우리가 주고받는 일상의 평범한 몸짓과 조그마한 배려가 담긴 마음의 표현들이 사실은 사랑인 것을 기억하게 해 주소서."
>
> 이해인 『꽃은 지고 나면 잎이 보이듯이』

6. 말하지 않으면, 닿지 않는 마음

남편은 표현이 능숙한 사람이다. 하루가 끝나면 어김없이 "수고했어."라고 말해주고, 내가 무심코 던진 한숨에도 "무슨 일 있어?" 하고 묻는다. 나의 기분 변화나 표정의 온도를 누구보다 빨리 알아채는 사람. 가끔은 이유 없이 나에게 "네가 있어서 참 다행이야." 같은 말을 전한다. 그런 말들은 짧고 소박하지만, 들을 때마다 마음에 물결처럼 번진다. 그 말들 덕분에 내 하루가 무너지지 않고, 지탱될 수 있는 날이 참 많았다. 하지만 나는 그런 말을 잘 하지 못한다. 마음은 분명히 있는데, 말로 꺼내는 일이 늘 어렵다. 말이 늦고, 어색하고, 때를 놓치기 일쑤다. 고맙다는 말도, 미안하다는 말도 내 안에서는 자주 머물지만 입술 밖으로 나오기까지는 긴 시간이 걸린다. 아무리 가까운 사이라도, 오히려 가까울수록 더 조심스러워지는 말들이 있다. 그런 말 앞에서 나는 늘 머뭇거린다.

나는 그런 나를 잘 안다. 남편 역시 알고 있다. 하지만 안다고 해서 늘 괜찮은 건 아니다. 익숙한 방식이 반복될수록, 오해도 쌓이게 마련이다. 어느 날 저녁, 남편이 말했다. "내가 요즘 뭐 잘못했나 싶어. 같이 있어도, 네 마음이 멀리 있는 것 같아." 그 말을 듣는 순간 숨이 턱

막혔다. 나는 거리 두고 싶었던 게 아니었다. 오히려 소중해서, 말 한마디에도 신중하고 싶어서였는데, 그런 내 조심스러움이 결국 침묵이 되어 돌아갔다는 걸 그제야 깨달았다. 말하지 않으면 마음은 전해지지 않는다는 단순한 진실을, 나는 그때까지도 완전히 몰랐던 것이다. 그날 밤, 나는 오래도록 누워 이런저런 생각을 했다. 왜 나는 그렇게 표현에 인색했을까. 정말 표현하는 법을 몰라서였을까. 아니면 내가 상처받는 게 두려워서였을까. 아마도 그 둘 다였을 것이다. 말이라는 건, 단어 이상의 것이기 때문에. 그 안에는 마음이 담겨야 하고, 때로는 용기가 따라야 하고, 무엇보다 솔직해야 하니까. 그리고 그 솔직함이 실패할까 봐, 혹은 오해될까 봐 겁이 났던 것 같다.

그 순간 떠오른 문장이 있었다. 태수의 『어른의 행복은 조용하다』에서 보았던 구절이었다.

"고마움을 뒤로 미루지 말자. 삶이 익숙한 것일수록 더 빨리, 더 아프게 빼앗긴다. 고생했어, 고마워, 미안해. 그 한마디를 못해 우리는 생각보다 많은 것을 잃는다."

그 문장은 마치 지금의 나를 정확히 짚어낸 것처럼 마음 깊은 곳에 가닿았다. 우리는 말하지 않음으로써 잃고 있었던 것이다. 그 말들을 전하지 않아서, 서로를 의심하거나 외롭게 했던 순간들이 많았다. 나는 그때부터 조금씩 마음을 내어보려고 했다. 말이 서툴러도, 타이밍이 완벽하지 않아도 괜찮다고, 단 한 문장이라도 내 진심을 실어보자고 마음먹었다. '고마워'라는 말 한마디가 얼마나 먼 길을 돌아야 내 입에서 나올 수 있는지를 스스로도 알고 있었기에, 그 첫 시도가 몹시 어색하고 조심스러웠다.

하지만 한 번 꺼내보니, 그 말은 생각보다 멀리 있지 않았다. 어느 날 저녁, 아이가 자고 난 뒤 조용한 거실에서 나는 조심스레 말했다. "오늘… 나도 좀 버거운 하루였거든. 그런데 당신 덕분에 마음이 조금 나아졌어. 고마워." 내 말에 남편은 잠시 놀란 듯 웃었고, 그 웃음 하나에 내 마음도 조금 풀렸다. "이런 말, 내가 얼마나 오래 기다렸는지 몰라." 그가 그렇게 말해주었을 때, 마음 한 편이 따뜻하게 차올랐다. 나의 어색한 고백이 누군가에게 그렇게 오랫동안 기다리던 문장일 수 있다는 걸 처음으로 느꼈다. 그 뒤로 나는 하루에 하나씩, 말해보는 연습을 했다. 고마워, 수고했어, 미안해. 여전히 익숙하진 않지만, 마음은 분명 조금씩 자라고 있었다. 말하지 않아도 괜찮다고 믿었던 날들과, 말하지 않아 더 멀어진 날들이 교차하면서 나는 조심스럽게 배워가는 중이다.

말이라는 건 참 묘한 힘을 가진다. 말하지 않으면 아무 일도 일어나지 않지만, 말하기 시작하면 관계가 달라지고 공기가 바뀐다. 조용한 아침 식탁에서 "오늘도 잘 부탁해."라고 말해보는 것만으로도 서로의 마음이 조금 더 가깝게 붙는다. 퇴근한 남편에게 "수고했어."라고 짧게 말해주는 것만으로도, 고단한 하루가 위로받을 수 있다는 걸 이제는 안다. 말이 많을 필요는 없다. 오히려 말이 짧을수록 더 깊은 울림이 있는 순간도 있다. 다만, 그 말이 진심이어야 하고, 너무 늦기 전에 건네져야 한다.

가장 익숙한 사람에게, 우리는 말하는 법을 점점 잊는다. 사랑하니까 괜찮을 거라 생각하고, 늘 함께 있으니까 안다고 착각한다. 하지만 말하지 않으면 오해는 쌓이고, 서운함은 마음에 가라앉는다. 사랑은 입을 열어야 전해진다. 고마움은 표현되어야 기억된다. 미안함은 직접 말해야 용서받을 수 있다. 요즘 나는 그 사실을 조금씩 배우고 있다. 말을 꺼내는 용기는 관계를 살리는 힘이 되고, 그 힘은 다시 나를 단단하게 만들어준다. 무언가를 해내는 것보다 더 중요한 건, 사랑하는 사람과 마음이 연결되어 있는 상태를 지키는 일이라는 걸, 말 한마디가 얼마나 소중한지를 늦게나마 알아가고 있다.

그래서 오늘도 나는 마음을 다잡는다. 익숙함에 속아 당연함을 만들지 말자고. 더 늦기 전에, 고마움을, 수고를, 미안함을 말하자고. 말하지 않으면 닿지 않기 때문에. 그리고 그 말들이 우리가 잃지 않아도 될 무언가를 지켜줄 수 있기 때문에.

> 오늘의
> 필사 문장

"고마움을 뒤로 미루지 말자. 삶이 익숙한 것일수록 더 빨리, 더 아프게 빼앗긴다. 고생했어, 고마워, 미안해. 그 한마디를 못해 우리는 생각보다 많은 것을 잃는다."

태수 『어른의 행복은 조용하다』

7. 감정을 마주하는 작은 용기

"오늘도 마음을 병에 담아 저 깊숙한 내면의 지하 몇 층에 담아두었나요? 그렇다면 그 마음을 꺼내서 용기 내어 느껴보고 잘 보내주도록 해요."

데버라 마르세로의 『마음을 담은 병』 속 한 구절이다. 이 문장을 처음 읽었을 때 머릿속에 무언가가 툭 하고 떨어지는 느낌이 들었다. 마치 오랜 시간 나도 모르게 숨겨둔 감정들이 내 안 깊숙한 곳에서 열려 눈앞에 드러나는 것 같았다. 이 구절은 내가 스스로 외면해 온 감정들을 다시 바라보게 했다. 오랫동안 묻어 두었던 감정들이 어쩌면 지금의 나를 무겁게 짓누르고 있을지도 모른다고 생각하게 했다. 마음 깊은 곳에 차곡차곡 쌓여온 감정들이 여전히 내 안에서 헤매고 있다는 느낌은 섬뜩하면서도 낯설었다.

그동안 나는 불편한 감정들이 생길 때마다 이를 간단히 넘기거나 어딘가에 묻어 두려 했다. 감정은 보통 가라앉으면 사라진다고 믿었기 때문이다. 하지만 지금 와서 돌아보니 그 감정들은 단지 억눌렀을 뿐 완전히 사라진 것은 아니었다. 그것들은 마치 오래된 가구에 쌓인 먼지처럼 내 마음 한편에 켜켜이 쌓여 있었고, 어느 순간 그 무게를 감당할 수 없게 만들었다. 『마음을 담은 병』을 읽으며 나는 그동안의 습관을 돌아보게 되었다. 이제는 감정을 꺼내어 마주해야겠다는 생각이 들었다. 그것이 무섭긴 했지만, 지금의 나에게는 필요해 보였다.

얼마 전, 그런 내 모습을 다시금 확인할 일이 있었다. 우리 가족이 함께 저녁 식사를 하며 모처럼 다 같이 둘러앉아 있던 날이었다. 평소 같았으면 가족들과 웃고 떠들며 편안한 시간을 보냈겠지만, 그날은 나만 홀로 다른 공간에 있는 듯한 기분이었다. 며칠 전 친구와의 작은 갈등이 내 마음에 크게 남아 있었기 때문이다. 오랜 시간 쌓아온 친구와의 관계에서 벌어진 오해였지만 그 오해는 나에게 큰 충격과 슬픔을 주었다. 우리는 각자의 입장에서 서로의 말을 오해했고 감정이 상한 채 대화를 끝내고 말았다. 그 일이 내 마음속 깊이 걸려 머릿속을 맴돌고 있었지만, 가족들 앞에서는 아무렇지 않은 척 웃음을 지으며 평소처럼 행동했다.

사실 나는 어릴 때부터 감정을 겉으로 잘 드러내지 않는 편이었다. 가족들 앞에서도 속상한 일이 있어도 말하지 않고 혼자 삭이는 경우가 많았다. 어릴 적, 학교에서 속상한 일이 있었던 날에도 나는 아무렇지 않은 듯 집으로 돌아와 평소처럼 밥을 먹고 숙제를 하곤 했다. 그 감정들을 마주하는 것이 두려웠고, 감정을 드러내면 약해 보일 것 같았기 때문이다. 하지만 시간이 지나면서 깨달았다. 그렇게 쌓아둔 감정들은 절대 사라지지 않고, 언젠가 더 크게 터져 나온다는 것을.

그날 밤, 가족들이 모두 잠들고 혼자 남은 순간이 되어서야 억눌렀던 감정들을 꺼내 보게 되었다. 거실 한편에 홀로 앉아 한참을 멍하니 있다가 마침내 울음이 터져 나왔다. 내 마음 깊이 쌓여 있던 무력감, 억울함, 그리고 지친 마음이 마치 파도처럼 밀려와 나를 휩쓸었다. 그동안 외면해 왔던 감정들이 더 이상 억제할 수 없는 지경에 이른 것이다.

그동안 나는 감정을 드러내는 것을 두려워했다. 내 속에 쌓인 부정적인 감정들을 내보이면 약해 보일 것 같고 가족들이 나를 걱정할까 봐 두려운 마음도 있었다. 그래서 감정을 꼭꼭 병 속에 담아 두듯이 내 깊은 내면에 숨겨 두곤 했다. 하지만 억누른다고 해서 감정들이 사라지는 것은 아니었다. 오히려 그 감정들은 쌓이면서 점점 더 무겁고 어두워졌고 마침내 나의 마음과 일상을 짓누르게 되었다. 억누르기보다는 솔직하게 마주하고 느끼는 것이야말로 진정한 용기라는 사실을 깨달은 그날 밤, 나는 감정을 다루는 방식을 바꾸기로 다짐했다.

그날 이후 나는 감정을 마주하는 연습을 조금씩 시작해 보았다. 감정을 흘려보내기 위해 글을 쓰기도 하고, 종종 스스로에게 묻는다. "오늘 나를 가장 많이 스쳐 간 감정은 무엇이었을까?" 그러곤 그 감정을 피하지 않고 조용히 바라본다. 마치 오랜 목마름 끝에 한 모금의 물을 음미하듯 감정을 하나하나 느끼며 내 마음이 어떤 상태인지 살펴보기 시작했다.

며칠 후 그 친구에게서 연락이 왔다. 과거의 나였다면 무심한 척, 아무렇지 않은 척했을 것이다. 이번에는 내 감정에 솔직해지기로 결심했다. 나는 그와의 대화를 통해 서로의 감정을 솔직하게 나누기로 했다. 마음속에 눌러 두었던 감정들을 천천히 꺼내놓으며 내 슬픔과 실망, 그리고 그동안의 억울한 마음을 고백했다. 대화를 나누면서 우리는 서로의 오해를 풀었고 쌓였던 무거움이 점차 사라지는 것을 느꼈다. 감정을 솔직하게 마주하고 표현하는 일이 얼마나 큰 치유가 되는지 몰랐다. 그렇게 서로를 이해하는 과정이 나 자신에게도 얼마나 큰 위로가 되는지를 그때 깨달았다.

우리가 감정을 병에 담아 깊숙이 숨겨둘 때 그것들은 마치 지하 몇 층 아래에서 점점 더 무거워지며 우리 마음속에 어둠과 무게를 더한다. 감정은 숨기는 순간부터 점점 짓누르기 시작하며, 언젠가 그 무게가 감당할 수 없을 만큼 커지게 된다. 이 구절은 우리가 그 감정을 억누르기보다는 용기 있게 꺼내어 보고 충분히 느끼며 흘려보내는 것이 중요하다는 점을 일깨워 주었다. 그렇게 해야만 우리는 마음속의 무거운 짐을 내려놓고, 진정한 치유와 성장을 경험할 수 있다.

오늘도 마음속의 병을 살며시 열어 그 안에 담긴 감정을 조심스럽게 꺼내어 본다. 마치 오랫동안 닫혀 있던 창문을 열었을 때 불어오는 신선한 바람처럼, 그 감정들이 마음 구석구석에 잔잔한 울림을 남긴다. 때로는 쓸쓸하고 때로는 아프게 다가오지만 그 감정들이 하나씩 흘러가도록 허락할 때 우리는 조금씩 가벼워진다. 그 감정들이 떠나고 난

자리는 마치 봄날의 햇살이 들어오는 빈방처럼 고요하고 따뜻하다. 이제는 더 이상 감정을 억누르기보다, 그 감정들이 머물다가 흘러갈 수 있도록 길을 내어주자. 그렇게 하면, 언젠가 우리는 스스로에게 더 솔직해질 수 있을 것이다.

> **오늘의 필사 문장**
>
> "오늘도 마음을 병에 담아 저 깊숙한 내면의 지하 몇 층에 담아두었나요? 그렇다면 그 마음을 꺼내서 용기 내어 느껴보고 잘 보내주도록 해요."
>
> 데버라 마르세로 『마음을 담은 병』

8. 흔들림 끝에 남은 빛

사람들은 종종 말한다. 스스로를 사랑하라고. 자신을 아끼라고. 하지만 그 말이 진심으로 와 닿기까지는 시간이 필요했다. 어쩌면 내가 나를 사랑하는 일이 가장 어렵다는 사실을 받아들이는 데까지도 긴 시간이 걸렸는지도 모른다. 나를 사랑한다는 것은 단순한 말 이상의 깊이를 가지고 있었다. 그것은 나라는 존재를 이해하고 받아들이는 일, 내 감정의 가장 깊은 곳까지 다가가는 일이었다.

학창 시절 나는 늘 누군가의 기대 속에서 살았다. 부모님에게는 모범생이어야 했고 친구들에게는 배려 깊고 늘 밝은 사람이어야 했다. 나의 감정은 그때부터 점점 뒤로 밀려났다. 기뻐도 나만의 기쁨을 온전히 누리지 못했고 슬퍼도 그 슬픔을 내보이는 것이 두려웠다. 나보다 다른 사람의 감정이 더 중요해 보였고 내 욕망과 바람보다는 주변의 기준이 더 크고 무겁게 느껴졌다. 그렇게 내 마음 한구석에는 내가 나조차 잊고 있던 감정들이 쌓여갔다.

어릴 적 기억이 난다. 국민학교 저학년 때였다. 창밖을 바라보며 혼자 있는 시간이 많았다. 친구들은 나를 활발한 아이로 기억했지만, 나는 속으로 많은 고민을 품고 있었다. '오늘도 선생님이 기대하는 대답을 잘했을까? 부모님은 내가 충분히 잘하고 있다고 생각하실까?' 어린 나는 늘 그런 고민을 품은 채 하루를 마무리했다. 그런 생각들이 차곡차곡 쌓이며 나는 점점 나를 잃어갔다. 나에게는 특별한 돌봄이 필요한 동생이 있었다. 부모님의 시선은 자연스럽게 동생에게 먼저 향할 수밖에 없었지만, 동시에 나에게도 많은 기대가 쏠렸다. 가족을 지켜야 한다는 책임감이 내 어깨 위에 조금씩 내려앉았고, 나는 그 무게를 자연스럽게 받아들이려 했다.

몇 년 전, 예상치 못한 순간에 모든 감정이 한꺼번에 터져 나왔다. 그것은 일상에서 우연히 읽은 한 문장에서 시작되었다.

"내가 어떤 삶을 살든 나는 나 자신을 응원할 것이다."

김수현의 『나는 나로 살기로 했다』는 것에서의 이 문장은 오래 닫혀 있던 마음의 문을 두드렸다. 마치 무언가를 다시 떠올리게 하는 낯설지만 익숙한 울림이 있었다. 나를 사랑하는 일이 기본이라는 의미로 다가왔다. 왜 나는 그 기본조차 제대로 하지 못하고 있었을까?

그날 이후 나는 내 마음을 조용히 들여다보기 시작했다. 처음에는 어색하고 낯설었다. 감정을 들여다보는 일은 마치 오랜 시간 흙 속에 묻혀 있던 작은 씨앗을 꺼내는 것 같았다. 그것은 잘 꺼내지지 않았고 꺼내더라도 그 씨앗이 무엇인지 잘 알 수 없었다. 어떤 날은 나 자신을 돌아보는 일이 고통스러웠다. 내가 쌓아 올린 껍질 속에는 억눌린 외로움과 불안, 그리고 스스로조차 외면했던 슬픔이 가득했기 때문이다. 그러나 그 껍질을 조금씩 벗겨내는 과정은 동시에 치유였다.

어느 날, 나는 어린 시절의 기억을 떠올렸다. 책상 앞에 앉아 창밖을 바라보던 작은 내가 있었다. 그때는 몰랐다. 내가 느끼던 불안감과 자유로움이 무엇을 의미하는지. 단지 내가 이상한 아이라고 여겼을 뿐이었다. 하지만 이제야 안다. 그 모든 감정이 나를 이루고 있었다는 것을. 이해할 수 없는 불안과 막연한 기대감, 그리고 설명할 수 없는 외로움까지도 나의 한 부분이었다.

성인이 되어 나를 이해하려고 노력하면서 알게 되었다. 감정을 들여다보는 일은 완벽해지기 위한 것이 아니었다. 그것은 내가 어떤 존재인지 알아가고 나라는 사람을 받아들이기 위한 과정이었다. 감정이란 내 마음속 퍼즐 조각과 같았다. 그 조각들이 모일 때 비로소 나는 하나의 온전한 그림으로 완성되었다.

우리는 종종 자기 자신에게 너무 가혹하다. 실수를 용서하지 못하고 부족함을 탓하며 다른 사람과 비교하는 것에 바쁘다. 그러나 모든 결점과 모순은 결국 나를 이루는 소중한 조각들이다. 그것을 받아들일 때 나를 사랑하는 일이 조금은 쉬워진다. 이제 나는 나 자신에게 이렇게 말해준다. "괜찮아, 너는 지금의 너로도 매우 아름다워."

나를 사랑한다는 것은 나로 살아가는 가장 기본적인 일이었다. 그것은 내 삶의 토대였고 내가 세상 속에서 흔들리지 않도록 지켜주는 단단한 중심이었다. 이제 나는 나의 감정을 들여다보며 그것이 내게 전하는 이야기에 귀를 기울인다. 때로는 그 이야기가 아프고 때로는 고요하지만, 나는 그것을 있는 그대로 받아들이기로 했다.

요즘 나는 하루를 마무리하며 나 자신에게 질문을 던진다. "오늘 너를 가장 빛나게 했던 순간은 언제였어?" 처음에는 그 대답이 쉽게 떠오르지 않았지만, 작은 순간들을 떠올리며 스스로를 응원하는 연습을 하고 있다. 그리고 문득 깨닫는다. 사랑이란 거창한 것이 아니라, 스스로를 다독이고 어제보다 한 걸음 더 나아가는 일이라는 것을.

마음이란 우리가 가장 오래 머무르는 집과 같다. 그 집을 돌보고 따뜻하게 가꾸는 것은 진정한 사랑의 시작이다. 내가 나를 사랑할 때 그 집의 모든 구석은 빛으로 채워진다. 그 사랑은 나를 더 나은 방향으로 이끌고 내가 갈 길을 밝혀준다.

삶은 감정의 흐름 속에서 완성된다. 흔들리고 또 흔들리며 우리는 스스로를 발견하고 더 깊어진다. 오늘, 당신도 자신의 마음을 조용히 들여다보라. 그 안에는 당신이 미처 알지 못했던 이야기가 숨어 있을 것이다. 그리고 그 이야기는 당신을 더 따뜻하고 너그러운 존재로 이끌 것이다.

마음의 창을 살며시 열어보자. 오래 기다려온 감정들이 바람처럼 다가와 우리를 감싸줄 것이다. 그 바람 속에서 우리는 문득 깨닫게 된다. 나를 사랑한다는 것은 서두르지 않고 흔들림마저도 소중히 여기는 일이라는 것을.

그렇게 우리는 천천히, 그러나 분명히 나아간다. 때로는 흔들리더라도, 때로는 멈춰 서더라도 괜찮다. 그 모든 순간이 결국 나를 완성하는 과정일 테니까. 흔들린 끝에 남은 빛이 내 안에 온전히 자리 잡을 때, 나는 마침내 나 자신을 온전히 끌어안게 될 것이다. 그리고 그 빛은 앞으로의 길을 따뜻하게 밝혀줄 것이다.

> **오늘의 필사 문장**
>
> "내가 어떤 삶을 살든 나는 나 자신을 응원할 것이다."
>
> 김수현 『나는 나로 살기로 했다』

제3장

진실된 나와 마주하던 한 문장

이수안

1. 세상의 끝에서 끝까지 겪어 내리라

불혹의 40대를 맞이하던 즈음, 평소 사람의 마음에 대하여 관심이 많았던 나는 본격적으로 내 마음을 들여다보기 시작했다. 어린 시절부터 보이지 않게 켜켜이 쌓여온 마음의 상처들을 하나씩 만나고 이해하면서 재해석하는 작업을 하고 있었다. 내 마음과 마주하는 일은 생각보다 쉽지 않았다. 그런데도 상처를 재해석하는 이유는 지금을 잘 살고 싶었기 때문이다. 그러기 위해서 마음과 치유와 연관된 책을 닥치는 대로 읽었다. 그렇게 만나게 된 데이비드 호킨스의 『치유와 회복』이라는 책이다. 스트레스와 건강, 걱정과 두려움 그리고 불안에 대한 감정까지. 모든 병은 몸과 마음 그리고 영혼과 관련이 있다고 말하는 글을 읽으면서 내 몸과 감정의 상태를 이해하기 시작했다.

그러던 어느 날 이 책의 내용을 내 삶에 적용해야 할 만큼의 큰 위기가 생겼다. 생각하지 못한 일이 나에게 일어난 것이다. 결혼한 지 1년 6개월 만에 남편이 회사에서 큰 사고가 나서 다치게 되었다. 심정지 전까지 간 남편은 구사일생으로 목숨을 건졌지만, 침상 환자에 사지마비로 여전히 병원에 있다. 그는 누구보다 성실했고 책임감이 있었으며 자신의 일을 사랑했다. 나에게는 한없이 따뜻하고 다정한 남편이었다.

사고가 나던 날은 평소와 다를 것 없는 아침이었다. 장난스럽지만 다정한 아침 인사도 나눴다. 그게 마지막일 거라고는 상상도 할 수 없었다. 많이 슬펐고 마음이 찢어질 것 같은 고통 나날의 연속이었다. 중환자실에서 겨우 나온 남편을 돌보기 시작했다. 아무것도 할 수 없는 남편을 매 순간 마주하는 일은 나에게 너무 가혹한 현실이었다.

그렇게 3개월이 지날 즈음, 암 투병을 하던 엄마의 상태가 급격히 안 좋아지기 시작했다. 투병 중에도 나보다 더 씩씩하게 일상을 이어가던 엄마에게 문제가 생긴 것이다. 남편을 돌보다가 주말이 되면 엄마를 만나러 다른 병원으로 가야 하는 쉴 새 없는 일정이 반복되었다. 엄마의 암 발병 후 9년 간 함께 병원을 오가던 나다. 병세가 악화 된 게 예전처럼 엄마에게 집중할 수 없었기 때문이라는 미안함과 죄책감에 힘들었다. 하지만 엄마는 예상보다 건강이 빠르게 악화하였고 남편의 사고 후 다섯 달 만에 나에게 영원한 이별을 고했다. 믿을 수 없었다. 엄마와 남편을 동시에 잃어버린 느낌이다. 혹시 내가 꿈을 꾸고 있는 건 아닐까? 현실을 부정하고 싶었다.

엄마와 이별 후 나는 수시로 우울감에 압도되었다. 아무것도 할 수 없었다. 남편을 돌보다 병원 밖으로 나오면 걷잡을 수 없는 슬픔이 밀려들었다. 현실에서 도망가고 싶었지만, 그럴 용기는 생기지 않았다. 그 순간이 내 마음을 들여다보아야 할 순간이 온 것이라는 신호 같았다. 나에게 왜 이런 일들이 일어나는 것인지 알고 싶었다. 내 마음에

심폐소생술이 필요했다. 그때 『치유와 회복』의 책을 다시 꺼내어 '삶의 큰 위기들을 다루는 법'이라는 소제목의 글을 읽게 되었다.

"사랑하는 사람의 죽음이나 이혼, 결별, 극심한 위기 상황, 부상 등 사건의 본질이 무엇이든 우리가 할 수 있는 일은 이것을 끝까지 겪어 내리라 마음먹는 것이다."

이 구절에서 내 눈이 멈추었다. 지금 마주하는 상황은 사랑하는 사람의 죽음과 부상이다. 내가 할 수 있는 일은 이것을 끝까지 겪어 내리라 마음을 먹는 것이다. 충격적인 상황에서는 온갖 부정적인 에너지들이 쏟아져 나오게 된다. 서로 연결된 몸과 마음이 병을 만들어 낸다는 이야기에서 정신이 번쩍 들었다.

'모든 일은 마음먹기에 달려있다.'라는 말이 떠올랐다. 남편을 돌보는 일은 여전히 힘들고 고되다. 그런데도 오늘 나는 어떤 마음을 먹고 하루를 시작했나? 하며 스스로를 돌아보게 된다. 삶의 큰 위기들은 아직 내 곁에 있지만 내게는 지금을 잘 살아내고 싶은 마음이 있다. 지금의 상황들을 끝까지 잘 겪어 내고 싶다. 남편이 어디까지 어떻게 회복할지, 나는 어떻게 될지에 대한 미래지향적인 삶에 초점을 두지 않는다. 잘살아 보자는 마음먹기, 그러다 보면 지금의 위기 상황을 끝까지 겪어 낼 수 있을 것이라 믿는다. 그것만으로도 지금 나는 살아갈 용기를 가지기에 충분하다.

> 오늘의
> 필사 문장

"사랑하는 사람의 죽음이나 이혼, 결별, 극심한 위기 상황, 부상 등 사건의 본질이 무엇이든 우리가 할 수 있는 일은 이것을 끝까지 겪어 내리라 마음먹는 것이다."

데이비드 호킨스 『치유와 회복』

2. 나는 특별한 시선을 가진 특수교사입니다

어릴 때 장래희망을 쓰라고 하면 선생님이라고 썼다. 이유를 되돌아보면 초등학교 6학년 때 소극적이고 움츠려져 있던 나에게 따뜻한 말과 응원으로 늘 챙겨주신 선생님이 계셨다. 아무도 나를 이해해주지 못할 것이라는 어린아이의 삐뚤어진 마음이 선생님의 사랑이라는 꽃으로 피어난 것이다. 그때의 선생님처럼 되고 싶다는 단순한 이유였던 걸로 기억한다. 나로서 온전히 사랑받는 느낌이 좋았다. '선생님'이라는 단어가 주는 의미와 무게를 당연히 알리가 없는 철없던 어린이였다.

30년이 지난 지금 나는 선생님이 되었다. 그것도 보통 선생님이 아닌 특수교사로 말이다. 처음부터 특수교사를 선택하지는 않았다. 일반교사에서 다시 진로를 선택해 공부하다 보니 남들보다 늦게 시작하게 되었다. 첫 직장에서 만난 장애 아이들의 매력에 빠져 곁에서 함께 하고 싶은 욕구가 생겼다. 특별함을 가진 아이들이지만 내가 선생님에게서 받았던 사랑처럼 아이들을 이해하려고 노력하고 있다.

교사라는 직업이 늘 공부해야 하는 일이라 전공서적을 접하게 되는 일이 자주 생긴다. 그렇게 두꺼운 전공서적을 읽다보면 마음이 한껏 딱딱해진다. 그럴 때면 일부러라도 가벼운 에세이 책들을 읽곤 하는데 우연히 북 카페에서 김소영의 『어린이라는 세계』라는 흥미로운 제목을 만났다. 직업 때문인지 늘 어린이의 마음 세계가 궁금한데, 내 마음을 읽은 것처럼 반가웠다. 특히 내가 만나는 특별한 어린이들은 자기만의 세계에 갇혀 살고 있다. 그 세계가 남들과 다르다고 해서 '장애'라는 이름으로 분류시켜 놓았다. 자신만의 언어와 행동으로 표현하지만 이해받지 못할 때가 많다. 언어로 표현할 수 없는 아이들의 경우에는 더 세상 밖으로 나오기가 어렵다.

어린이들에게 가장 가까운 부모님이나 만나게 되는 선생님들만이 유일한 그들의 소통 대상이 되어준다. 그 아이들의 몇 안 되는 소통 대상으로 살다 보니 아이들의 세계가 궁금해지는 건 어쩔 수 없나보다. 그렇게 펼친 책에서 뜻하지 않게 나의 특수교사 관을 생각해보게 하는 구절을 만났다. 작가의 솔직한 마음이 너무 멋있고 공감이 되어서 시선을 멈추어 내 나름의 방식으로 사유해보게 된다.

"어린이 한 명 한 명을 존중하고, 그들의 지적 정서적 성장을 돕고, 좋을 때 좋게 헤어지는 것. 나는 어린이를 사랑하는지 사랑하지 않는지를 생각하지 않는다. 좀 더 솔직하게 말하면, 생각하지 않으려고 노력한다. '사랑'이란 내가 다루기에 너무 크고 어렵고 조심스러운 것이다."

특수교사를 하면 자주 듣게 되는 말이 있다. "힘들지 않으세요? 왜 특수교사 하세요?" 매번 듣지만 의도를 가진 질문에는 늘 대답하기 어렵고 당황스럽다. 힘들지, 세상에 힘들지 않은 일은 없다. 특수교사를 왜 하냐고? 내가 하고 싶으니까 하지. 나는 왜 특수교사가 하고 싶었을까? 처음 장애 아이들을 만났을 때 동행했던 사람들은 아이들을 보고 눈물을 보였다. 나는 그들의 눈물을 이해할 수 없었다. 몸이 불편하고 말을 못 한다고 해서 동정의 눈빛으로 바라보고 싶지 않았다. 그냥 보이는 모습이 다른 보통의 사람들이자 어린아이들이라고 생각했다. 이런 생각을 사람들에게 말했을 때 나는 알았다. 내가 장애 아이들을 보는 시선이 다른 사람들과는 다르다는 것을. 내게 이 아이들은 동정의 대상이 아니었다. 진로를 변경하여 특수교사의 길로 접어들면서 '아이들을 있는 그대로 존중해줘야지.' 라고 다짐했다.

저자가 말하는 것처럼 '사랑'이라는 감정을 정의하기란 쉽지 않다. 30년 전 내가 선생님에게서 받은 사랑은 존중과 배려였다. 내가 아이들에게 주고 싶은 사랑의 방식이기도 하다. 장애를 가진 아이들이라고 해서 일방적인 사랑을 베풀면서 교사의 희생을 강요받고 싶지 않다. 관계란 주고받음 안에서 이루어지는 것이므로. 작가의 말처럼 어린이를 이성으로 가르쳐야지 하고 다짐하는 것은 교사로서의 삶에 균형을 유지하기 위함일지도 모른다.

때로는 아이들이 주는 사랑에 이성의 끈을 놓을 때도 많다. 언어 표현이 서툰 아이가 건네는 인사 한 마디에 온 몸의 세포들이 춤을 추기도 한다. 특수교사로서 내가 아이들에게 줄 수 있는 사랑은 존중과 배려 안에서 균형을 잡는 것이다. 남들이 보기에는 별 건 아닌 교육관 일지라도 나의 특별한 시선을 사랑한다. 오늘도 나는 아이들과 주고받는 눈빛에서 존중과 배려를 느낄 수 있는 특수교사가 되고 싶다.

오늘의 필사 문장

"어린이 한 명 한 명을 존중하고, 그들의 지적 정서적 성장을 돕고, 좋을 때 좋게 헤어지는 것. 나는 어린이를 사랑하는지 사랑하지 않는지를 생각하지 않는다. 좀 더 솔직하게 말하면, 생각하지 않으려고 노력한다. '사랑'이란 내가 다루기에 너무 크고 어렵고 조심스러운 것이다."

김소영 『어린이라는 세계』

3. 당신의 몸은 안녕하십니까?

 살아오면서 건강이 최고라는 말을 익숙하게 들어왔다. 내 나이 마흔으로 달려가던 때, 갑작스럽게 엄마는 암 진단을 받았다. 믿을 수 없었던 현실 앞에서 엄마가 투병하시는 모습을 보면서 삶과 죽음의 경계에 서서 건강하게 산다는 건 무엇일까에 대한 고민을 종종 하곤 했다.

 평범하게 살고 싶었으나 삶은 내가 원하는 대로 흘러가지 않았다. 엄마의 투병 뿐 아니라 건강했던 남편이 불의의 사고로 인해 하루아침에 중증 환자가 되어버린 상황을 어떻게 받아들여야 할지 혼란스러웠다. 매일 불안과 두려움 안에서 남편을 마주하는 생활이 이어졌다. 그렇게 엄마와 남편의 보호자로서 지내오면서 내 몸과 마음에서 건강 적신호들이 하나씩 켜지기 시작했다. 아니, 기분이 아닌 실제로 적신호가 오고 있음을 인지하게 되는 일이 있었다.

 남편을 살려야겠다는 마음 하나로 시작한 돌봄의 생활은 열정과 굳센 의지로 하루하루를 보냈다. 24시간 남편을 돌봐야 하는 생활이 2년 정도 지속될 무렵, 그 에너지는 흔적도 없이 사라져 가고 있었고 흔히 말하는 영혼까지 끌어야 할 상황에 이르렀다. '남편을 일으켜야 해.'라고 의지를 낼수록 나의 건강의 불씨는 꺼져가고 있음을 알게 되었다. 더 이상 남편 앞에서 말이 없어지고 몸의 움직임이 둔해지는 것이 느껴졌다.

결국, 내가 왜 여기에 있어야 하고 내 인생은 왜 이렇게 됐나 싶을 만큼의 감정들이 어두운 그림자를 만들고 있었다. 책 읽는 것을 좋아해 독서로 지친 영혼을 위로했던 남편과 나였다. 엄마와 남편이 아픈 이후로는 통 책을 읽지 못하고 있었다. 그때 신혼집 책장 한쪽에 꽂힌 책 하나가 눈에 들어왔다. 언젠가 사서 반 정도 읽고 꽂아두었던 책이다. 마치 지금의 나에게 메시지를 줄 것 같은 느낌에 다시 꺼내 들었다. 문요한의 『이제 몸을 챙깁니다.』 지금은 내 몸을 챙겨야 할 적절한 타이밍이다.

정신건강의학과 의사인 저자는 책 서두에 가장 행복한 순간이 언제였는지를 떠올려보라는 질문을 던진다. 나는 크게 떠오르지 않았다. 오히려 무거운 감정에 압도되어 나를 잃어가는 모습을 발견하고서야 무언가 잘못되어가고 있음을 직감했다. 남편의 사고 후 정신건강의학과 상담을 2년째 받아오고 있다. 정신과에 오는 사람은 고통 속에 있는 자신을 위로하고 돌볼 수 있는 능력이 없다고 한다. 나의 기본적인 삶을 돌보기보다 환자의 돌봄이 우선이었기에 적극적으로 행동으로 옮길 수 없다는 핑계를 댄다. 그 결과는 약에 의존하게 되거나 몸과 마음을 혹사시키는 상태에 이르렀다. 몸이 나에게 보내는 신호를 이제야 감지하게 된 것이다.

"내 몸에게 친절을 베푸는 가장 쉬운 방법은 몸에 인사를 건네는 것이라고 했다. '오늘 어때? 안녕!' 하고 안부를 묻는 것." 나에게 해보았다. 그 순간 울음이 터져 나왔다. 쉽게 대답을 할 수 없었기 때문이다. 방치시켰던 몸과 마음에게 미안하다고 말해주었다. 자신의 몸과 인사를 하고 이야기를 나누는 것만으로도 몸을 하나의 인격체로 대할 수 있다. 대화를 하다 보면 자신의 상태를 알아갈 수 있고 좋아하는 것과 언제 행복한지도 알게 된다고 한다. 고통 속에서도 자신을 돌볼 수 있게 되는 것이 어른이 되는 것이다. 반드시 배워야 하는 마음공부가 '자기 친절'이라는 말에 가슴 한 구석이 아려온다. 나에게 친절한 적이 없었기 때문이다. 단순히 몸을 챙긴다는 것은 물리적인 몸만을 챙기는 것이 아님을 인지하게 된다.

우리의 몸과 마음은 만나야 한다고 한다. 몸과 마음이 연결 될 때 비로고 '몸뚱이'가 아닌 '몸'이 될 수 있다. 여기서 말하는 '몸 챙김'은 건강을 넘어서 몸과 함께 살아가는 것이다. 이 말 속에는 '몸 존중, 몸 자각, 몸 돌봄'이라는 세 가지 의미가 담긴다. 한 마디로 '순간순간 따뜻한 주의를 몸에 기울이는 것.'을 말한다. 거창한 방법이 필요하지 않다. 호흡, 자세, 움직임, 음식 먹기, 수면 등 일상에서 순간순간 자신의 감각을 느껴주는 것이었다.

일단 움직여보자! 몸이 힘들 때는 감정으로 빠지지 않게 걸어보는 것만으로도 마음의 창문이 열린다고 한다. 잠깐의 여유가 생기면 병원 밖으로 일단 나가서 걸었다. 바깥 공기에 집중하며 호흡도 하고 내 발걸음에 의식을 둔다. 돌봄을 쉬는 날이면 근처 공원을 매일 걸었다. 집 청소를 할 때도 몸의 움직임에 집중했다. 먹고 싶은 음식들을 적어두었다가 나를 위해 근사하게 차려 먹는다. 수면은 새벽에도 일어나 환자를 돌보아야 하는 생활 탓에 병원 밖에서도 쉽게 잠을 이룰 수 없지만 나를 다그치거나 질책하지 않으려고 한다. 오히려 내 몸을 다독여 준다.

작은 습관들이 모이고 있다. 누구에게나 주어진 상황과 시간 속에서 내가 선택할 수 있는 것들은 무궁했음을 알게 된다. 할 수 없다고, 하기 싫다는 핑계로 나를 방치하는 선택에 초점을 두지 않기로 한다. 변화된 삶을 꿈꾸지만 한 번에 마법처럼 이루어지는 건 없다. 일상에서 만나는 작은 루틴들을 쌓아간다. 넘어지더라도 다시 일어나 서두르지 않고 멈추지 않으며 꾸준히 그냥 할 뿐이다. 오늘도 나에게 인사를 건넨다. "내 몸에 편안함이 깃들기를."

오늘의 필사 문장

"내 몸에게 친절을 베푸는 가장 쉬운 방법은 몸에 인사를 건네는 것이라고 했다. '오늘 어때? 안녕!' 하고 안부를 묻는 것"

문요한 『이제 몸을 챙깁니다.』

4. 안녕. 나의 엄마

어느 늦은 가을 엄마를 만나러 병원으로 향했다. 나의 엄마는 9년째 위암 투병 중이었고, 부쩍 좋지 않은 건강상태로 인해 요양 병원에 입원한 상태였다. 엄마의 투병 생활 동지는 나였지만 남편의 사고로 한동안 엄마의 옆자리를 지킬 수 없었다. 주말이 되면 엄마를 보러 가는 설렘으로 한 주를 버티곤 했다. 항암으로 머리를 밀고 기력이 쇠약해진 엄마를 마주하는 일은 마음의 준비가 필요한 일이 되었다. 그런 엄마 앞에서 나는 성인이 되어서 한 번도 부려본 적 없는 어리광을 부렸다. 엄마의 침대에 나란히 누워 낮잠을 자기도 하고 환자식을 내가 더 많이 먹을 거라고 큰 소리 치기도 했다.

"엄마 없으면 어떻게 살래?" 안쓰러운 눈빛으로 엄마가 나에게 물었다. "엄마 없으면 더 잘 살 건데?" 마음에도 없는 소리였지만 농담인 듯 어리광인 듯 투정부리듯 답했다.

엄마와의 이별이 가까워지고 있음이 느껴지는 날들이 있었다. 그럴 때는 어김없이 엄마와 보이지 않는 갈등으로 부딪혀 힘들었던 시간이 영화의 한 장면처럼 지나가곤 한다. 그 시간을 버티기 위해 심리상담도 받아보고 책에서 답을 구하기도 했다. 곽소현의 『엄마와 딸 사이』라는 책을 밑줄 그어가며 엄마와 나를 이해하려고 애쓰던 시간도 지금은 그립기만 하다.

　어린 시절 엄마에게 나는 착할 딸이 되어야만 했다. 아빠와의 불화로 생긴 부족함을 내가 채워줘야 한다고 생각했기 때문이다. 성인이 되어서는 온전한 나의 모습으로 살고 싶었으나 떠나려는 딸과 놓아주지 않으려는 엄마와의 갈등으로 힘든 시간을 보냈다. 책에서는 엄마와의 평화로운 관계를 위해서는 착한 딸이 되는 것을 멈추어야 한다고 저자는 말했다. '착한 딸'은 자신의 욕구 대신 엄마의 욕구를 채워주며 살아간다고 한다. 각자의 욕구를 채우며 살아가야 함에도 나는 엄마의 인생까지 책임지려고 했다. 그렇게 나를 잃어간다고 느끼는 날이 쌓여가다 사소한 사건이 도화선이 되어 싸움이 되어버리는 일을 반복했다.

　엄마처럼 살지 않겠다고 다짐하던 순간도 책의 한 구절에 마음을 들켜버렸다. "엄마처럼 살고 싶지 않다면 자기를 찾아가는 길에 방해요소가 된다. 엄마의 인생과 같을 필요는 없지만, 엄마에게서 긍정적인 요소 하나는 발견해야 한다. 엄마를 통합된 이미지로 받아들이는 것이 자신을 찾아가는 데도 도움이 되기 때문이다." 엄마로 인해 힘든 시간을 보내던 중에 책을 통해 나를 이해하고 받아들이는 계기가 되기도 되었다. 덕분에 나는 엄마와 나의 인생을 분리하여 생각하기 시작했다. 아이러니하게도 그렇게 각자의 모습으로 살아가기 시작할 즈음 엄마의 투병이 시작되었다. 가정의 경제를 책임지고 있는 아빠를 대신해 엄마의 온전한 보호자가 되어 버린 것이다. 병원 진료를 동행하고 치료로 인한 신체 변화를 함께 감내하는 것은 물론 엄마의 일상을 유지시키는 것도 나의 몫이었다.

엄마의 신체적 통증을 줄여줄 수는 없지만 통증에 공감해주기. 항암치료 전 분위기 있는 카페에서 좋아하는 커피 한잔하기. 손잡고 함께 산에 오르고 걷기. 머리를 민 엄마에게 어울리는 예쁜 모자 찾아 쇼핑하기. 운동 후 먹는 치킨 한 마리에 행복해 하기. 병원 가는 길에 휴게소 들러 엄마의 최애 알 감자 사 먹기. 면역력 올려줄 수 있는 맛있는 음식 찾아 드라이브하기. 약해져서 자꾸 부러지는 손발톱 정리하기. 한 달에 한 번씩 함께 꽃시장 가기. 이처럼 엄마가 '암 환자'의 딱지를 떼고 평범한 일상을 보낼 수 있도록 함께하는 것이다. 엄마는 나에게 자주 미안해했다. 물론 힘들지 않았다면 거짓말이다. 하지만, 내가 선택한 일이었고 행복했기에 후회는 없다. 그럴 때 마다 엄마에게 했던 말이 있다. "엄마만 행복하면 돼." 책에서 배운 말이지만 나의 진심이었다. 나는 엄마가 오롯이 한 인간으로서 자유로운 삶을 살기를 바랐다.

조금씩 죽음을 향해 가고 있는 엄마에게 내일은 기대하기 어려웠다. 하지만 엄마는 더 씩씩한 척했고, 때론 투덕거리면서도 나와 1시간씩 전화 통화를 했다. 그러던 엄마가 소풍 가기 삼일 전부터 나에게 말문을 닫아버렸다. 지독한 통증으로 말하기도 힘든 순간에도 다른 가족들의 말에는 손짓으로나마 자신의 의사를 표현하였지만, 나에겐 차가웠다. 끝내 나는 엄마와 작별 인사를 하지 못했다. 엄마가 보고 싶은 날이면 마지막 차가웠던 모습을 애써 꺼내 본다. 나름의 방어기제를 펼쳐보는 것이다. 엄마의 온기를 느끼고 싶지만 그럴 수 없다는 현실을 마주하기가 아직은 힘들다. 우리가 함께 했던 40년의 시간에 대한 아름다운 마침표를 찍지 못해서 그럴까? 엄마가 보고 싶은 날이면 마음속으로 엄마에게 인사를 건넨다.

'안녕. 나의 엄마'

> **오늘의 필사 문장**
>
> "엄마처럼 살고 싶지 않다면 자기를 찾아가는 길에 방해요소가 된다. 엄마의 인생과 같을 필요는 없지만, 엄마에게서 긍정적인 요소 하나는 발견해야 한다. 엄마를 통합된 이미지로 받아들이는 것이 자신을 찾아가는 데도 도움이 되기 때문이다."
>
> 곽소현 『엄마와 딸 사이』

5. 그렇게 살지 않아도 괜찮아

나는 흔히 말하는 대한민국의 K 장녀다. 부모님 역시 장남과 장녀로, 나는 두 분 사이에서 첫째로 태어났다. 베이비부머 세대 우리네 어른들이 살아온 모습. 즉, '열심히 살아야 해!' 부모님 그 자체다. 가난하고 배고팠던 시절, 동생들을 뒷바라지하느라 본인들의 욕구를 채우거나 미래에 있을 여유와 행복은 그려볼 수 없었다. "일하지 않는 자 먹지도 마라." 아빠가 자주 하던 말이었지만 난 참 듣기 싫었다. 뭐든 열심히 일만 하는 부모님의 삶에는 쉼과는 거리가 멀다. 나 역시 당연한 줄 알았다.

물론 부모님의 삶을 부정하고 싶은 마음은 없다. 세상 누구보다 존경한다. 다만 내가 살아가고자 하는 삶의 모습이 부모님처럼 사는 것은 아니라는 생각이 들 때가 종종 있었다. 전력질주를 하다가 돌부리에 걸려 넘어졌을 때처럼 허탈한 마음이 들었다. 생각해보면 나는 언제나 무엇을 향해 열심히 달리기만 했다. 대학생활을 다닐 때는 밤샘 과제를 하고 직장을 다닐 때는 아파도 참았다. 원하는 것이 있으면 그것을 향해 달려가기만 했고, 그 과정에서 여유나 쉼은 사치라고 생각했다. 독립하기 전까지는 부모님과 함께 살았기에 더 열심히 살아야 한다고 나를 채찍질했다.

30대에 접어들고 독립을 하게 되면서 온전하게 내 삶을 꾸려 살리라 다짐했지만 '열심히! 더 잘해야 해.' 하는 마음을 쉽게 놓지 못했다. 직장 생활을 하다가 쓰러져 병원에 실려 가는 일을 마주하고서도 그만두지 못했다. 그렇게 달리기만 하던 내 인생은 엄마의 암 진단 후 재발과 남편의 사고라는 두 가지 사건으로 강제로 멈추게 되었다. 구원투수처럼 등판한 나는 바로 직장을 그만두고 엄마와 남편의 보호자가 되었다. 남들은 한 번도 겪기 힘들 이벤트 두 가지를 한꺼번에 겪으며 지난 삶을 돌아보게 되었고, '죽음'에 대해서 진지하게 생각하게 되었다. 그때 본 책에서 마주하게 된 미니멀리즘은 가뭄에 만난 단비 같은 느낌이었다. 흔히 미니멀리즘이라면 집안의 물건을 단순히 비운다는 의미로 이해할 것이다.

이혜림의 『어느 날 멀쩡하던 행거가 무너졌다』에서 말하는 "미니멀 라이프는 물건을 모두 버리는 것과 온 방안을 새하얗게 만들고 싱크대 위를 깨끗이 비우는 것만이 아니다. 과다한 지출, 과한 업무, 복잡한 인간관계, 과식, 좋지 못한 습관이나 마음가짐일 수도 있다." 내가 관리할 수 있는 크기를 벗어난 모든 것이 내 인생을 낭비하고 있다는 것을 알 수 있다는 글에서 멈칫하게 되었다. 내 인생이 항상 힘들다고 생각했던 이유인 것 같다는 생각이 들었다. 물건뿐만 아니라 인간관계, 직장, 과소비, 불안, 집착, 욕망, 건강 등 많은 것들이 떠올랐다. 그중에서 지금 나에게 가장 필요한 건 바로 건강이었다. 아픈 환자를 돌보는 것에 책임감이라는 무거움을 안고 열심히 달려왔다. 아픈 환자 둘을 돌본다는 무거운 책임감을 안고 버텨왔다. 그럴수록 내 몸의 에너지가 소진되고 있었고 나도 환자가 될지도 모른다는 사실을 직접 느끼게 되었다.

책에서는 '내게 주어진 것들은 무한하지 않고 유한하다. 그렇기 때문에 늘 과하지 않게 절제하며 쓰는 것이 중요하다.'라고 한다. 나의 에너지가 100이라면 평소에는 50~60퍼센트를 쓰고, 열심히 해야 할 때는 80퍼센트만 써야 진짜 위급한 순간에 100퍼센트를 모조리 끌어다 써도 망가지지 않는다는 말이다. 늘 최상의 상태 말고 적당한 상태를 꾸준히 가늘고 길게 유지하는 방향을 택하는 것이 좋다고 저자는 말한다. 쉽지 않은 삶의 운용이겠지만 나에게 정말 필요한 말이었다. 몸과 마음에도 절제의 원리를 적용하여 건강을 관리하는 것이다. 아픈 사람을 돌보는 상황에서도 나의 에너지 20퍼센트의 여지를 남겨두는 것. 무엇이든 '열심히'의 마음으로 바라보지 않는 것. 책임감이라는 무게를 잠시 내려놓는 것. 생각만으로도 마음의 숨통이 트여진 느낌이었다.

"이제 결혼했으니 더 열심히 살아야지."

남편과의 결혼 후 미래에 대한 이야기를 한 적 있다. 생각해보면 살림도, 직장생활도, 2세가 생기면 육아도 열심히 할 거라고 대답한 것으로 기억한다. 열심히 하는 것이 정확하게 무엇인지도 모르면서 기계처럼 반응했다. 그럴 때마다 남편은 뒷짐을 지고 느긋한 어조로 나를 보며 하던 말이 생각난다.

"그렇게 살지 않아도 괜찮아. 편안하게 너 하고 싶은 대로 해."

부모님에게서도 들어보지 못한 말이었다. 오늘따라 남편의 목소리가 너무 그립다. 그럼에도 불구하고 속도를 내기만 했던 삶에 의자를 내려놓고 숨겨져 있는 20퍼센트의 여지를 찾아볼 것이다. 건강에 대한 미니멀 라이프에 대한 계획을 다시 다듬어야겠다고 다짐해 본다.

오늘의 필사 문장

"미니멀 라이프는 물건을 모두 버리는 것과 온 방안을 새하얗게 만들고 싱크대 위를 깨끗이 비우는 것만이 아니다. 과다한 지출, 과한 업무, 복잡한 인간관계, 과식, 좋지 못한 습관이나 마음가짐일 수도 있다."

이혜림 『어느 날 멀쩡하던 행거가 무너졌다』

6. 당신만의 대나무 숲은 간직하고 있나요?

어린 시절부터 나는 내성적인 성향을 가진 아이였다. MBTI 성향으로 분류해 보자면 극 I에 가까운 내향인 이라 주변의 친구들과도 잘 어울리지 못했다. 그렇다고 가족들에게도 나의 이야기를 털어놓지 못하는 성격에 말수도 많지 않았다. 선생님과 부모님의 말씀을 잘 듣는 착한 아이로 자랐다.

초등학교 시절 누구나 매일 일기를 써서 선생님께 검사를 받았던 경험이 있을 것이다. 나 역시 왜 일기를 써야 하는지는 모른 채 숙제라 생각했기에 열심히 썼던 기억이 있다. 착한 아이가 일기를 계속 쓸 수 있었던 건 칭찬 때문이었다. 매일 일기를 쓰기도 했지만 글씨를 반듯하게 써서도 칭찬을 받았다. 하지만 일기장에 누구에게도 말 할 수 없는 이야기를 쓰면서 점차 일기는 나를 표현하는 힘이 되었다. 조심스레 적어놓은 나의 마음 위로 선생님이 손수 적어주신 따뜻한 말들에 위로를 받았던 추억이 있다. 일기장에 적힌 선생님의 응원과 격려의 말에 위로를 받기도 했고 짧은 말 한마디에 행복하기도 했다. 그때부터 일기는 내 습관이 되었고, 초등학생 때부터 써 온 일기장은 절대 버릴 수 없는 보물이 되었다. 매해 마음에 드는 일기장을 사는 건 한 해를 시작하는 나의 루틴이자 새로운 다짐이다. 기록의 힘을 믿는다. 그래서 업무용 다이어리를 쓸 때도 허투루 하지 않는다.

나는 지금도 일기를 쓰며 하루를 마무리한다. 길고 짧은 건 중요하지 않다. 일기는 어디에도 말하지 못하는 내 마음을 꺼내 기록하면서 나와 직면하고 문제를 해결하는 열쇠를 주곤 한다. 이런 나의 습관을 아는 독서모임 지인이 추천해 준 책 한 권. 줄리아 캐머런의 『아티스트 웨이, 마음의 소리를 듣는 시간』이다. 저자는 "명상의 한 형태이기도 한 모닝 페이지를 써라. 아침에 일어나서 아주 사소한 것부터 심오한 것까지 의식의 흐름대로 쓰는 것이다." 즉, 아침에 쓰는 일기라고 이해하면 쉽다. 누구에게도 보여줄 글이 아닌 나의 감정과 느낌을 기록함으로써 내면의 목소리를 발견하여 행동으로 나아갈 수 있게 해 준다.

남편의 사고 전까지 나는 명상모임의 멤버들과 모닝 페이지를 써서 인증하기를 했다. 아침에 일어나자마자 간단히 세수하고 물을 마신 후 책상 앞에 앉아 책상 앞에 앉아 펜이 움직이는 대로 썼다. 모닝 페이지를 쓸 당시에는 몰랐지만, 어떠한 평가나 판단 없이 쓰는 글 속에서는 무한한 나의 가능성과 내면의 목소리가 담겨 있었다는 사실을 뒤늦게 알게 되었다. 결혼 후 쓴 모닝 페이지에는 결혼 생활을 하면서 내면을 다지고 싶다는 내용이 채워졌다. 그리고 좋은 남편을 만나 채워진 나의 행복한 일상 뒤에 알 수 없는 불안과 내재한 두려움들이 고개를 들었다. 모닝 페이지는 어려움이 다가오고 있을 때 미리 경고한다던 저자의 이야기가 여기 해당하는 것일까? 하지만 그 답을 찾기 전 내가 감당하기 어려운 사건들이 일어났고 모닝 페이지는 멈췄다. 남편을 돌보기 시작하면서 하루를 마무리하던 일기도 핸드폰으로 겨우 몇 줄 기록하는 정도로 만족해야 했다. 기록하지 못한 시간만큼 나는 내면에서 조금씩 멀어지고 있었다.

얼마 전, 책장을 정리하다가 모닝 페이지를 쓰던 노트를 발견했다. 지금 생각하면 사고 전 썼던 두려움의 감정들은 지금의 힘듦에 비하면 아무것도 아닌 것처럼 느껴졌다. 그동안 썼던 글을 읽으며 나는 쉴 새 없이 미소 짓고 눈물을 흘렸다. 아마 지금의 내 모습이 여실히 느껴졌던 모양이다. 갑자기 닥친 큰일들 속에 가려진 내면의 소리를 들어야 할 때인 것 같았다. 책장에서 『아티스트웨이, 마음의 소리를 듣는 시간』을 다시 꺼냈다. 책을 펴자마자 밑줄 친 문구가 내 심장을 다시 뛰게 만들었다.

"모닝 페이지는 의식의 구석구석을 쓸어주는 작은 먼지 솔과 같다. 내가 좋아하는 것, 내가 좋아하지 않는 것, 내가 원하는 것, 내가 별로 원하지 않는 것 등을 상세하게 알려준다. 멘 토 역할을 하며 우리가 필요한 방향으로 성장하도록 돕는 마음의 물리치료이다." 라는 구절이다. 아무도 내 힘듦을 알아주지 않는다는 원망은 나를 향한 목소리였다. 그럴수록 나를 사랑하는 마음에서는 멀어져갔고 세상의 모든 시선은 삐뚤어질 수밖에 없었다. 괜찮다고 다독였던 마음은 사실 진짜가 아니라는 것과 다시 찾아야 할 때임을 알게 된 것이다. 이제 다시 찾아야 할 때이다.

새로운 노트를 구입했다. 어긋나 있던 일상을 다시 만나고 싶은 용기가 생겼다. 가격이 꽤 나가지만 내가 좋아하는 색깔과 구성으로 이루어진 물건을 장만하는 일만으로도 행복 했다. 이 작은 행위조차도 내 마음의 귀를 기울이는 소중한 일상인 것이다. 모닝 페이지를 다시 시작해보려고 한다. 진짜 내 감정에 귀를 기울이고 기록함으로써 솔직함을 마주 하고 싶다. 그리고 '진짜의 나'를 발견하며 사랑하는 일을 멈추지 않을 것이라 다짐해본다.

> **오늘의 필사 문장**
>
> "명상의 한 형태이기도 한 모닝 페이지를 써라. 아침에 일어나서 아주 사소한 것부터 심오한 것까지 의식의 흐름대로 쓰는 것이다."
>
> 줄리아 캐머런 『아티스트웨이, 마음의 소리를 듣는 시간』

7. 세상에 무해한 사람이 되고 싶어

30대 초 엄마가 암 진단을 받고 난 후 한 사람의 삶에 대한 고민을 해 본 적 있다. 나이가 들어갈수록 어떻게 살아야 할까? 라는 다소 철학적 인 생각을 남 몰래 하곤 한다. 여전히 정답을 찾아가는 여정이다. 언젠 가 유명한 사찰에서 템플스테이를 한 경험이 있다. 종교에 크게 뜻이 있어 한 건 아니지만 좋아하는 사찰이었기에 단순한 호기심에서 일주 일 간 시간을 보냈었다. 그 시간 속에서 나에게 다소 충격적이었던 건 발우공양이라고 해서 나무그릇에 담긴 음식을 한 톨도 남김없이 다 먹 는 것이었다. 맛있는 것만 찾고 배불리 먹기 보다는 수행을 할 수 있는 몸의 상태를 유지하기 위한 목적을 담고 있다고 했다. 남은 음식에 물 을 비워 한 톨도 남김없이 먹는 행위란 단지 남기지 않는 것 이상의 의 미가 담긴 것 같았다.

평소에도 음식을 잘 남기지 않는 나였지만 그 후로 단식을 시도하거 나 쓰레기를 줄이고 비건 인의 생활에 관심을 가지기 시작했다. 그리 고 내가 살아가는 동안 무엇을 남길 것인가에 대한 진지한 고민도 할 수 있었다. 남편의 사고와 엄마의 소풍으로 삶과 죽음은 내게 더 가깝고 깊은 주제가 되었다. 두 사람의 빈자리는 단순히 그들의 소중함 뿐 아니라 남긴 것들이 주는 의미를 다시 만나게 하는 기회였다.

엄마는 당신의 삶의 마무리를 제대로 하지 못하고 떠나셨다. 갑자기 건강이 악화되기도 했지만, 죽음에 대한 두려움이 너무 컸기에 아무것도 정리하지 못했다. 엄마가 하지 못한 정리의 마무리는 내 몫이었다. 나 또한 엄마의 흔적을 너무 빨리 지우는 것 같아 쉽게 손을 대지 못하고 있었다. 하지만 엄마의 빈자리를 힘들어하는 아빠를 위해 등 떠밀리듯 엄마의 물건들을 정리하게 되었다. 울면서 시작한 유품 정리는 차츰 눈물을 멈추게 만들었고 마지막엔 엄마를 향한 하소연으로 마무리되었다. 치워도 끝이 없는 엄마의 물건들을 마주하는 일은 생각보다 쉽지 않았다. 단순히 물건을 치우는 행위가 아닌 엄마의 마음이 깃든 것들에 대한 고리를 끊는 일이기도 했기 때문이다. 못 쓰는 물건들은 과감하게 버렸고, 사용할 수 있는 것들은 기부하고 나눔을 했다. 나중에 보니 기부 물품으로 보내고 받은 금액이 100만원 가까이 되었다. 정말이지 다시 사용할 수 있는 물건들이 너무 많았다.

물건을 비우는 일은 석 달이 걸렸고, 그 과정에서 엄마를 향한 그리움도 한 스푼 덜어냈다. 짐 정리를 마무리하고 돌아온 날, 한 권의 책이 생각이 나서 다시 펼쳐보았다. 제목이 마음에 들어 구입한 책이었다. 허유정의 『세상에 무해한 사람이 되고 싶어』 밑줄 친 구절이 눈에 들어온다. "세상에 해가 되지 않는 건, 결국 나에게도 무해한 일."이었다고. 책을 읽을 당시 몇 가지의 팁들을 실천에 옮겼었다. 에코백과 텀

블러 사용하기, 면 생리대 쓰기, 개인 통에 음식 포장하기, 비누 사용하기 등 같은 것들 말이다.

자연에 가까운 선택을 할수록 내 몸은 건강해졌고, 쓰레기를 줄일수록 일상이 좀 더 나은 삶으로 나아가고 있다는 걸 느꼈다. 쓸데없는 물건이 줄어들며 내 곁에는 내가 정말 좋아하는 걸 채울 수 있는 공간과 여유가 생겼다. 이 구절을 읽고 내 생활을 돌아보며 내가 실천할 수 있는 무해한 삶에 대한 생각을 해 본 적 있다.

세상에 무해한 사람이 되고 싶다는 생각은 단순한 이상이 아니다. 그것은 누군가의 삶을 존중하고, 스스로도 가볍고 투명하게 존재하려는 깊은 다짐이다. 단순히 쓰레기를 줄이는 삶을 말하는 것이 아닌 인간관계와 환경, 나아가 존재 자체에 대해 무해함을 고민하게 된다. 그리고 나도 그렇게 살고 싶다는 소망이 삶에서 만나는 사건들을 통해 더 짙어졌다. 세상에 무해한 사람이 되고 싶다는 목표는 결국 나를 사랑하는 과정과도 맞닿아 있다. 타인의 삶의 속도에 맞추는 노력에서 벗어나 나 자신을 있는 그대로 존중하려는 시선이다. 완벽 하지 않아도 괜찮다고, 때로는 실수해도 된다고 스스로를 다독인다.

그렇게 조금씩 나는 나에게도 무해한 사람이 되어가고 싶다. 누군가에게, 혹은 무엇인가에 해를 끼치지 않으려는 마음으로 살겠다고. 그 무해함이 내게 짐이 되지 않도록, 나 자신을 해치는 일이 되지 않도록 균형을 잡아가며 살겠다고 말이다. 앞으로도 내가 실천할 수 있는 작은 행동들을 실천하며 살아가고자 한다. 세상에 흔적을 남기는 삶이 아니라, 흔적 없이 가볍게 흘러가는 삶. 그것이야말로 내가 바라는 진정한 행복이다.

오늘의 필사 문장

"세상에 해가 되지 않는 건, 결국 나에게도 무해한 일."

허유정 『세상에 무해한 사람이 되고 싶어』

8. 너는 맞고 나는 틀리다

"너도 나이 들어가는구나." 삼촌이 취중진담을 늘어놓는 듯 말했다.
"뜬금없이 무슨 말이야?" 살짝 상한 기분을 감추고 농담처럼 받아쳤다.
"예전의 너는 잘 웃고 밝은 아이였는데 요즘은 얼굴에 근심이 가득 해."

아빠의 60대 마지막 생신을 맞아 가족들이 생일을 축하하기 위해 모인 자리였다. 삼촌의 말에 나는 아무 말도 할 수 없었지만 마음은 불편했다. 아무리 생각해도 축하 자리에서 할 말은 아닌 것 같았다. 남편의 사고 후부터 가족들 사이에서 나는 손에 박힌 가시처럼 보는 시선들이 느껴졌다. 내 상황이 걱정되어서 하는 말도 있겠지만 한편으론 자신들의 불안을 늘어놓는 것 같아 듣기 싫었다. 물론 내 생각일 뿐이다. 지금 어떤 마음으로 지내고 있는 것인지에 대한 상태를 묻기 보다는 자신들이 맞고 생각하는 것을 그냥 내뱉는다.

근심 가득한 상태를 숨길 수 없을 만큼 힘들기도 하지만 매 순간이 그렇지는 않다. 처음 사고가 나고 눈물로 지새운 많은 순간이 스쳐 지나가지만 지금은 현실을 받아들이고 내 삶을 꾸려나가고 있다. 삶의 방향을 잃어버리지 않으려 남편을 돌보고 있고 그 속에서 또 다른 나의 모습도 발견하며 감사를 느끼기도 한다.

살면서 나와 다른 의견을 들으면 불편하다는 생각이 올라오곤 했다. 상대방을 설득해야만 했고, 내가 옳음을 증명해야만 했다. 상대는 틀렸다고 생각하기 때문이다. 생각해보면 모든 집착의 밑바닥에는 두려움이 있었다. 내가 틀렸다면, 내가 틀린 것을 인정한다면, 삶 전체가 흔들릴지도 모른다는 두려움 말이다. 그러던 중 블로그 이웃 중에서 소개한 한 책을 발견하게 되었다. 비욘 나티코 린데블라드의 『내가 틀릴 수도 있습니다』제목이 마치 나의 언행에 뼈를 때리는 듯 한 메시지를 주는 것 같아 내용을 보지 않고 구입했고 바로 다 읽어버렸다.

구입할 때는 남편의 사고 전이었는데, 책을 읽고 있으니 남편이 내게 말했다. "네가 틀릴 수도 있지만, 나는 네가 너만의 목소리를 내고 살아가는 모습이 좋았으니까 자책하지는 마."라고 했다. 그 당시 천군만마를 얻은 듯한 든든함을 잊을 수가 없다. 이 책을 읽으며 알게 되었다. 틀림은 확장의 가능성이라는 것을. '너는 맞고 나는 틀릴 수 있다'는 마음가짐은 내게 큰 자유를 주었다. 모든 문제를 풀어야 한다는 강박도 상대를 이겨야 한다는 욕망도 내려놓게 했다.

틀림을 인정하는 순간, 나는 더는 정답의 틀에 갇힌 존재가 아니다. 틀림은 나를 작아지게 만드는 것이 아니라 더 넓고 더 부드러운 사람이 되게 하는 것 같았다. 이것은 내가 명상이라는 도구를 처음 배우게 되면서도 느끼게 된 경험이었다. 흔히, 명상이라 함은 눈을 감고 앉아서 내면의 고요함을 만나게 되는 형상을 떠올린다. 어떠한 형태로든 외부의 소리에서 분리하고 내면을 만나는 일이면 된다.

이 책에서는 "우리 각자의 내면에는 정교하게 연마된 자기만의 조용한 나침반이 있어요."라고 한다. 내면의 소리는 일부러 관심을 기울이지 않으면 들을 수 없다. 자아가 던지는 질문과 요구는 그보다 몇 배나 시끄러워 지혜의 소리를 완전히 묻어버리기 때문이다. 그러므로 주파수를 바꾸는 것은 중요하다. 일상생활에서도 틈을 내어 멈추고 고요를 느끼고 정적의 순간을 찾아야 한다. "어떤 삶을 살든 자기 안의 평화를 발견하려면 우리에게 내재한 소중한 능력을 돌보고 키워나가야 한다."라고 했다. 이제는 마음이 불편하고 흔들릴 때면 내면의 소리를 듣는 시간을 점점 늘린다. 그렇다고 해서 당장 삶이 변화하는 것은 아니다. 한 가지 분명한 것은 내면의 평화를 발견하면 외부에서 들어오는 소리에 대한 반응을 좀 더 지혜롭게 대처할 수 있게 된다.

이젠 어떠한 일이 발생했을 때 논쟁 대신 경청을 선택하려 한다. "왜 그렇게 생각했을까?"라는 질문을 던지며 상대의 세계를 바라보는 시간을 가진다. 그 과정에서 나는 틀릴 수도 있는 나 자신을 맞을 수도 있는 너를 진심으로 이해하게 된다. 결국, 맞고 틀림을 떠나 우리는 모두 다르게 살아가는 하나의 존재일 뿐이다. 내가 틀릴 수도 있다는 생각이 스며들자 삶이 더 단순해졌다. 더는 이기기 위해 노력하지 않는다. 다만 상대방의 진심을 내 안의 목소리를 귀 기울여 듣는다. 맞고 틀림의 경계를 허물며 나는 점점 더 고요해진다. 그것이야말로 진정한 평화의 시작이다.

> **오늘의 필사 문장**
>
> "우리 각자의 내면에는 정교하게 연마된 자기만의 조용한 나침반이 있어요."
>
> 비욘 나티코 린데블라드 『내가 틀릴 수도 있습니다』

제4장

나에게 질문했던 한 문장

박나형

1. 달리려면 운동화 대신 책을 신어야지

미술관에 다녀오는 길이었다. 맑은 날씨를 기대했지만, 비가 부슬부슬 내리고 있었다. 그래도 좋았다. '참 이상하지? 좋아하는 일 앞에서는 날씨든 교통체증이든 어떤 것도 행복으로 느껴진다는 게….' 비가 오면 운치가 있는 거고 차가 막히면 차에서 나오는 음악을 온몸으로 느낄 수 있어 좋았다. 미술관을 둘러본 뒤 커피가 생각나서 근처 카페로 갔다.

마당에는 비가 부슬부슬 내리고 있었다. 의자에 앉아 내리는 비를 멍하니 바라보니 좋았다. 번잡한 나날을 보내다가 빗방울이 '톡톡톡' 튀는 단순한 모습을 보니 마음이 편안했다. 따뜻한 아메리카노를 한 모금 마시면서 편안의 흐름을 타기 시작했다. 그리고 서서히 나를 그 흐름 속에 넣고 있을 때였다. 갑자기 내 마음이 나에게 물었다. "네 마음은 괜찮니?" 갑자기 훅 들어오는 질문에 당장 대답할 수가 없었다. "괜찮다고 해야 하나? 아니라고 해야 하나? 그리고 왜 이런 질문을 하지?"라고 생각했다.

사실 내 마음은 늘 달리고 있었다. 어디로 달리냐고? 나도 모른다. 가끔은 목적지도 모르면서 그냥 달렸다. 남들이 달리니까 나도 달렸다. 나 자신이 마음에 들지 않으니까 달렸다. 달리면 괜찮아졌냐고? 어떤 날은 괜찮고 어떤 날은 마음이 더 허기졌다. 힘든 마음을 주체할 수 없는 날에는 눈에서 눈물이 '퐁퐁' 솟아났다. 그렇게 운다고 해결되는 건 아니지만 별다른 방법이 없었다.

나와 마음은 한 몸에 살지만 우리는 서로를 생각하는 날이 거의 없었다. 서로 쳐다보지 않고 앞만 보고 달렸다. 나는 나를 자주 못살게 했다. 채근하고 몰아세웠다. 아무리 달려도 결승점이 보이지 않았다. 남들은 골인도 하고 기념사진도 찍고 여유도 가지는데 나만 끝이 보이지 않는 곳을 달리는 느낌이었다. 가끔은 마라톤처럼 42.195km 뒤의 결승선이 있기를 바랐지만 내 인생의 결승점은 알 수 없었다. 그래서 내 마음은 마냥 달렸다. 마음의 주인인 내가 운동화 끈을 만질 시간도 물 한 모금 마실 여유도 주지 않았으니까. '일단 너는 뛰어 지금 부족하니까.'라는 말만 반복했다. 나 자신을 들들 볶을 때 나도 행복하진 않았다. 언제나 결핍과 부족함에 자신의 못난 점만 보고 있었으니까.

마음이 힘들어한다는 것을 알았지만 모른척하고 싶었다. 마음은 눈에 보이지 않아서 괜찮을 거로 생각했다. 나와 타협하는 것은 약해지는 거로 생각했다. 약해지면 한 걸음도 나아갈 수 없기에 '진격'과 '전진'만을 외치며 독재자 같은 모습으로 살았다. 그런 나에게 마음은 이야기했다. '괜찮니?'라고 말이다. 다시 아메리카노를 한 모금 하면서 차분히 그 말을 생각했다. 그러다 얼마 전 읽었던 무라카미 하루키의 『달리기를 말할 때 내가 하고 싶은 이야기』란 책이 떠올랐다.

사실은 달리기를 하려고 이 책을 샀다. 이 책을 읽고 달리기를 하면 성실히 운동에 임할 것 같았다. 해야 하는 이유가 많을수록 포기 하지 않을 것 같다는 게 내 생각이다.

나만 그런가? 무언가 시작할 때는 장비나 옷을 장착하고 싶다는 마음 말이다. 그래도 다행인 건 달리기에는 그렇게 많은 것들이 필요하지 않았다. "다행이다. 집에 발레슈즈부터 먼지 뽀얀 요가 매트에 각종 운동기구가 빼곡히 자리 잡고 있는데."라고 생각했다. 태릉선수촌도 아니고 더 이상 운동 관련 용품을 집에 들이고 싶지 않았다. 그런 나에게 달리기는 최적이었다. 달리기라고 하면 요즘 한강에서 멋지게 차려입고 그룹을 이뤄 달리는 멋진 러너를 생각할 수도 있지만 아니다. 나는 그저 우리 동네에 있는 체육공원을 가는 거였다. 이사한 동네의 지리를 살펴보다가 인근에 체육공원을 발견하고는 '찜'을 해둔 상태였다. 운동용품 대신 나는 나에게 책을 선물했다. 뭔가 지적인 어른 같아 보이고 싶었나 보다. 하여튼 나는 책을 읽기 시작했다. 책을 읽는 내내 '왜 이렇게 달리지?'라는 생각이 머리에서 떠나지 않았다. 달리는 건 작가였는데 내가 뛰는 것 같았다. 달리기에 관한 책이니 달리는 이야기가 나오는 건 당연한 건데 말이다. 그러다 책의 어느 구절에서 "20년 이상 계속 달릴 수 있는 것은 결국은 달리는 일이 성격에 맞기 때문일 것이다."라는 작가의 말에서 이해가 되었다. 좋아하는 일

앞에서는 힘들어 죽을 것 같아도 견디게 하는 이상한 마법이 있다는 건 나도 아니까.

"무라카미 하루키 작가(그리고 러너) 1949~20** 적어도 끝까지 걷지는 않았다. 이것이 지금 내가 바라고 있는 것이다."

이 문구는 이 책의 마지막 장에 나오는 글이다. 수없이 사랑스러운 문장들이 많은데 왜 하필 제일 마지막 장의 마지막 글귀일까? 내가 클라이맥스를 좋아하는 탓일 수도 있겠지만 나는 그냥 이 문장이 좋았다. '적어도 끝까지 걷지는 않았다'라는 부분이 좋았다. 엄청난 러너임에도 불구하고 이렇게 적을 수 있다는 것은 최선을 다한 자만이 할 수 있는 말이 아닐까? 라고 생각했다. 내 마음과 나는 서로 다른 곳을 향해 달렸다. 그러나 마음이 하는 말은 달리던 나를 멈추게 했다. 그 말은 원망과 탓이 아니었다. 사랑이었다. 그리고 기다림이었다. 내가 알아차릴 때까지 말이다. 달이 차면 기운다고 했다. 좋은 최선이든 나쁜 최선이든 끝에 도달했기에 내 마음의 소리를 들을 수 있었다고 생각한다. 나는 다시 달려보고 싶었다. 부족한 점을 채우기 위해서가 아니라 지금의 나도 괜찮다는 기분을 느끼고 싶어서 말이다.

나는 내 마음을 알기엔 아직은 서투른 사람이라, 마음으로 책을 신어 보기로 했다. 책에는 신발 사이즈처럼 내 마음을 위로하는 맞춤형 문구가 늘 존재하니까. 당분간은 이 책의 문장들을 신고 힘껏 달려보려고 한다. 책을 읽고 좋은 구절들로 마음을 단단히 묶었다. 내 마음이 생각보다 잘 흔들리는 편이다. 나이의 숫자가 많아질 수 록 단단해질 것 같지만 아니다. 아! 단단해지는 건 있다. 나이만큼 상처를 많이 받아서 굳은살이 생긴다. 그래도 나는 내 마음이 말랑말랑 마시멜로 같으면 좋겠다고 생각해본다. '귀엽잖아. 폭신하고.' 그리고 마음이 말랑해야 세상을 좀 포근하게 볼 것 같다. 나이가 들수록 마음을 꽁꽁 숨기며 좋은 감정들에 무감각해지는 것 같다. 이제 나는 그렇게 살고 싶지 않았다. 얼굴에 퍼석퍼석 해져도 내 마음은 폭삭하고 보드라운 상태를 유지하고 싶었다.

그렇게 살다가 오래된 나이를 축하하는 팔순 잔치가 오면 하고 싶은 말이 있다. 일단 우아한 헤어·메이크업을 받을 거다. 크리스티앙 루부탱의 뾰족한 힐을 신고 딱 붙는 스커트도 입을 거다. 그리고는 "지금까지는 제 마음을 말랑하게 잘 유지했어요. 구십이 되는 그 나이까지 저는 제 마음의 귀여움과 젊은 감각을 유지할 거예요."라고 말이다. 그런데 힐을 신기 위해서는 허리가 건강해야겠지? 다리근육도 단단히 있어야 하고. 오케이~일단 공원으로 나가자. 달려야지. 기억해. 지금의 달리기는 팔순의 너에게 미리 주는 선물이야.

오늘의 필사 문장

"무라카미 하루키 작가(그리고 러너) 1949~20** 적어도 끝까지 걷지는 않았다. 이것이 지금 내가 바라고 있는 것이다."

무라카미 하루키 『달리기를 말할 때 내가 하고 싶은 이야기』

2. 너와 나의 순간은 어떤 공기일까?

 윤정은의 『메리골드 마음세탁소』라는 책을 읽다가 "서로 편안해지는 순간의 공기가 좋았다."라는 구절 앞에서 나는 생각에 잠겼다. '편안해지는 순간의 공기는 어떤 공기일까? 감정의 공기에도 종류가 있는 걸까?'라고 말이다. 그러다 이별의 공기는 어떤 느낌인지 궁금했다. 왜 이별이냐고? 지금 나는 솔로이고 현재 진행 중인 사랑이 없기에, 이별에 대해 말하고 싶었다. 아니면 이 글을 사랑하지 못해 심통 난 사람의 글이라고 생각해도 좋다.

 이별에 익숙한 사람이 있을까? 사랑이든, 친구 관계든 말이다. 만약 있다면 세상 모든 것을 초월한 지리산 도인쯤 되거나 '쿨' 이란 단어 아래 자신의 감정을 숨기는 사람들이 아닐까? 아니면 진짜 그런 사람들이 존재할지도 모르겠다. 사람들은 각기 다양한 감정을 가지고 이별을 대하겠지만 나란 사람은 쿨 한 이별과는 거리가 멀다고 말하고 싶다.

 나는 모든 인간관계에서 상처받지 않기 위해 끊임없이 노력했다. 많은 시간 내 마음을 방어하기에 바빴다. "방어하기 위한 당신의 방패들은 잘 작용했나요?"라고 묻는다면 "최선은 다했으나 매번 장렬히 전사

했습니다."라고 말하고 싶다. 사람들과의 관계도 어렵고 사랑도 어려웠다. 어떤 관계도 쉽지 않았다. 어떤 관계든 자연스럽게 흘려보낼 줄 알아야 하는데 나는 외롭지 않으려고 관계를 붙잡았다. 날 힘들게 해도 잡았다. 그게 사랑이든 친구든 누구든 말이다. 잡고 있어도 외로웠다. 놓아야 한다는 것을 알면서도 놓지 못했다. 외롭지 않으려고 잡은 관계가 나를 상처받게 했지만 놓고 난 뒤 알 수 없는 감정들이 나를 더 두렵게 했다. 사랑 앞에서는 더 심각했다. 남들이 미련하다고 해도 잡았다. 남들에게는 답이 없는 관계라도 나는 애틋했으니까. 사람이 만나고 헤어지는 것이 인연이라고 했다.

그래서 나는 그 미련함도 인연이라고 부르고 싶었다. "인연이 끝나면 훌쩍 떠나겠지."라고 생각했다. 그러나 이별이라는 공식적인 명함을 받았고 그것이 인연의 끝이라는 사람들의 말에도 나는 그 끈을 놓지 못했다. 참 바보 같은 모습이지만 어쩔 수 없었다. 매번 사랑 앞에서 헤매고 있는 사람 하나가 있다면 바로 나다. 변명을 하자면 치열하게 마음을 주고 어떻게 바로 '제 마음을 회수합니다. 혹시 제가 부재중이면 저에게 받으신 마음은 빈 사물함에 넣어두고 가세요.'가 될까? 사랑의 시작도 시간이 필요하듯 이별도 시간이 필요하다고 생각한다.

사랑 앞에 쿨 하면 그게 사랑일까? 그럴 수도 있겠지만 감정이 얽히고설키는 것이 사랑이라면 절대 그럴 수 없다고 생각한다. 감정의 엉킨 실타래를 푸는 시간은 필요하지 않을까? 엉킨 실타래를 푸는 동안 불편하고 아프고 외롭고 처절한 공기 속에 잠겨있어야 한다. 그 공기에서 도망칠 수 있는 사람은 없다고 생각한다. 사람마다 시간의 차는 있겠지만. 사랑도 변하듯 사람 간의 공기도 변한다. 변하는 공기에 적응하지 못하면 인생이 힘들어진다. 카멜레온 같은 사람이 되고 싶은데 아직은 쉽지 않다.

나의 지난 사랑의 공기를 생각해 봤다. 사랑이 시작되는 공기는 봄꽃처럼 수줍고 설레었다. 그리고 여름의 옷차림처럼 편안했다. 그 편안함이 너무 좋았다. 편안함 속에 달콤함도 익숙함도 있었다. 가을처럼 사랑이 무르익자, 우리는 서로에게 익숙해졌다. 익숙함에 서로가 소중하다는 사실도 잊어갔다. 우리는 점점 서로의 의견만 내세우며 싸웠고 서로의 배려는 사라졌다. 배려가 사라지자 우리는 서로를 미워하기 시작했다. 그렇게 겨울이 왔고 우리의 공기는 어두운 겨울의 새벽처럼 싸해졌다. 칼날처럼 날카로웠다. 서로를 베었고 우리의 인연은 이별이란 이름으로 정리되었다. 그렇게 이별의 순간은 잔인했다. 그래도 신기한 건 매번은 아니지만 시간이 지나면 누군가와 함께했던 좋은 공기가 많이 남아 있다는 사실이다. 왜 그런지는 잘 모르겠지만 지나고 나면 '미안함'이나 '애틋함'의 감정이 남아서가 아닐까? 그 시절의 나도 너도 성숙하지 못했으니까. 이별을 생각하다가 지난 사랑을 생각했다. 미련이 있어서가 아니다. 우리가 말하는 추억이라고 생각해 주면 좋겠다. 나와 함께 했던 순간의 공기는 그에게 어떤 공기로 기억되었을까? 그 사람의 감정은 알 길이 없지만 나는 좋았다. 그대와 아름다운 사계절의 공기를 마셨으니까. 봄, 여름, 가을, 겨울 이렇게 말이다. 겨울이 다가온다. 이번 겨울은 나에게 삐죽삐죽 못생긴 공기 말고, 따뜻한 코코아를 마시듯 달달한 사랑의 공기가 불어오길 바란다. 그렇게 사랑에 빠져서 내 인생에 달콤함의 수치를 한도 초과로 이뤄내고 싶다. 그리고 지난 나의 사랑 그대에게 문득 할 말이 생각났다.

"그대여, 행복하길 바라요. 그대와 사랑할 때, 나는 열정은 있었지만 두려웠고, 내 마음을 표현하기에는 방법이 너무 서툴렀어요. 미안했어요. 그렇지만 그대도 나도 사계절의 사랑을 보내면서 더 성장했다고 생각해요. 비록 우리는 영원을 약속하는 사이가 되지는 못했지만, 우리가 만나는 다음번의 사랑은 조금 더 노련하고 성숙하게 마음을 전하는 사람들이 되어있지 않을까요? 모든 건 경험이니까요. 그리고 그대가 어디에 있든지 잘 지내길 진심으로 기도 할게요. 안녕."

오늘의
필사 문장

"서로 편안해지는 순간의 공기가 좋았다."

윤정은 『메리골드 마음세탁소』

3. 내 마음은 어느 나라에 두고 왔니?

여행 가서 글을 써보겠다고 무거운 15인치 노트북을 짊어지고 돌아다니는 사람이 나다. 책도 두 권 넣고, 보조배터리도 챙겨서 말이다. 저녁이 되면 어깨가 빠질 것 같다. 내가 지금 여행을 온 건지 동계 훈련을 위해 배낭을 메고 있는 건지 모를 지경이다. "도대체 왜 그래? 너 여행 중 아니야?"라고 묻는다면 "맞아. 그렇긴 한데…글도 써야 해."라고 중얼거려 본다. 글을 쓴다는 것은 생각보다 어려운 일이다. 그래서 여행이라는 설레는 마음을 장착하면 몇 글자라도 더 쓸 수 있지 않을까? 라는 간절한 마음을 머금고 여행을 갔다. 이번에는 가까운 일본으로 일탈을 시도했다. 그래서 글이 잘 써졌냐고? "여행자들의 해맑은 미소와 달리 어떤 여자가 커피숍에서 화장한 자기 얼굴도 잊은 채 괴로움에 얼굴을 비벼대고 있었다면…"이 말이 대답이 되었기를 바란다. 가끔 주변의 시선이 느껴졌지만, 그런 시선에 동요할 여유가 없었다. 나는 노트북 패드를 두드려 단어와 문장의 조합을 격하게 만들고 싶었다. 그러나 단어와 문장을 쓰고 지우고 쓰고 지우고를 반복했을 뿐 남은 건 빈 화면과 화장이 지워진 나의 얼룩덜룩한 얼굴뿐이었다.

이번 여행에서는 하고 싶은 게 두 가지 있었다. 글을 쓰는 것과 그 나라 사람들의 일상을 보는 일이었다. 그리고 그 일상을 기록하고 싶었다. 나는 언젠가부터 내가 가는 나라 사람들의 일상이 궁금했다. 이번 여행에서는 그들의 삶을 보고 싶었다. "어떻게?"라고 묻는다면 일단 밖을 볼 수 있는 대로변에 위치한 커피숍을 찾아서 바쁘게 움직이는 그들의 아침을 지켜보는 것으로 시작하고 싶다는 말을 전해본다. 물론 그렇다고 그들의 일상을 알 수 있는 건 아니다. 그래도 아침을 대하는 그들의 표정이 궁금했다. 그런 나의 말에 "사람 사는 거 다 똑같아."라고 말한다면 "제가 좀 호기심이 많은 사람입니다."라는 말을 툭 던져본다.

정말 이상한 건 일상에서 벗어나고 싶어서 여행을 갔는데 나는 왜 그들의 일상이 궁금할까? 오히려 여행지의 특별함을 궁금해야 하는 거 아닐까? 라는 생각이 들었지만 "일상을 여행처럼 지내면 삶에서 오는 여러 가지 일들도 조금 덜 무겁게 느껴지지 않을까?"라는 게 오랜 시간 나의 생각이었다.

그런다고 그들과 일상을 공유할 수 없다는 것을 안다. 그래도 나는 그들의 일상 귀퉁이쯤에 서 있고 싶었다. 이번 여행에서는 아침 출근 시간에 일어나 조용히 그들의 곁을 걸어보기도 하고, 출근길 번잡한 커피숍에서 나도 같이 커피 한 잔을 주문해 봤다. 그들은 커피를 들고 종종걸음으로 출근한다. 그러나 여행자인 나는 한가히 커피숍에 앉아서 그들의 발걸음을 눈으로 따라가 본다. 그들의 아침은 피곤, 무표정, 지친 표정과 침묵이었다. 모든 직장인의 아침처럼 흑백영화였다. 나 역시 저런 표정이었으리라. 내가 내 표정을 몰랐던 건 아니다. 그저 하루를 버티어 내는 것만으로도 버거워 애써 외면했다는 말로 대신 해 본다.

당연히 내 주변 사람들의 표정도 볼 마음의 여유는 없었다. 우리는 각자를 살아내느라 다른 곳을 볼 여유가 없는 게 아니었을까? 라는 생각을 하면서 커피 한 모금을 입에 머금었다.

그렇게 어둠이 내리는 저녁이 찾아오면 사람들의 표정은 화려한 색깔로 칠해진다. 이상하지? 밝은 낮에는 표정들이 흑백인데 까만 밤이 되면 모든 사람의 색이 선명해진다는 게 말이다. 목소리가 커지고 미소가 돈다. 발걸음도 가볍다. 그렇게 여행지에 와서 한걸음 떨어진 여행자의 마음으로 일상을 보니 그들의 일상도 나의 일상도 보였다. 사람들의 표정이 보였고 나의 표정도 보였다. 딱딱하게 굳어 있는 나의 마음도 보였다. 그렇게 여행은 나 자신을 보게 했고 나는 성장하고 있었다. 나도 여행자로서의 저녁을 맞이했다. 일단 발가락에 물집이 생겼다. "어머나. 글은 안 쓰고 얼마나 돌아다닌 거니?"라고 내게 물으며 챙겨온 반창고를 붙이고 편한 운동복 바지를 입고 다시 커피숍으로 갔다. 왜냐하면? 제대로 쓴 글이 하나도 없기 때문이었다. "괴롭다. 그래도 쓰자." 갑자기 헤밍웨이의 말이 생각났다. "모든 초고는 쓰레기다." 위대한 작가인 그도 글을 쓰면서 그런 고뇌를 했는데 햇병아리인 나는 당연하지. 라는 말로 나를 위로해 본다. 이번에는 머리를 부여잡고 있었다. 그러다 우연히 밖을 쳐다봤다. 내 눈앞에 빨간색의 파워 숄 더 스타일의 벨벳 재킷을 입은 한 남자가 지나가고 있었다. 빨간색 벨벳 재킷이 뭐 어때서라고 생각할 수 있지만 거기에 펭귄 모양으로 생긴 캐리어가 더해져서 나의 시선을 강탈했다. 패션은 자유다. 그리고 그의 자유로움은 머리를 부여잡고 괴로워하던 나에게 큰 웃음을 줬다. "고마워요. 귀여운 멋쟁이 펭귄 남 씨."

나는 이런 이상하고 웃긴 일들이 펼쳐지는 여행을 사랑한다. 여행은 이렇게 내게 알 수 없는 행복과 웃음을 준다. 아니면 여행지에서만큼은 내 마음이 무장해제가 되어 그럴 수도 있다. 이유야 어떻든 간에 나는 행복하다. 무거운 가방 때문에 어깨의 승모근은 볼록 솟아올랐다. 오늘의 가방과 노트북 사건은 내게 추억이 될 거라는 것을 안다. 그래서 나는 여행이 필요한 사람이다. 여행에서 온 경험들은 차곡차곡 나에게 쌓여서 '나'라는 독특한 사람의 향기를 만들어 낸다. 여행에서 돌아오면 나의 오늘이 소중하게 느껴진다. 왜냐하면 조금 멀리서 나의 삶을 땅콩만큼 이라도 객관화 시킬 수 있으니 말이다. 내가 살던 곳을 떠나 마음의 여유가 들어 올 수 있는 공간이 마련되면 내가 보인다. 내가 보이면 비로소 내 삶을 돌아보게 되고 나와 연결된 인연의 고리도 보게 된다. 그래야 감정에 휘둘리지 않고 비교적 바른 판단을 할 수 있는 상태가 된다는 것을 조금은 알게 되었다. 나는 여행을 사랑한다. 물론 여행은 이유가 없어도 사랑스러운 존재이긴 하지만…

챗바퀴 돌 듯 자신의 감정과 삶에 잠식 되어 있으면 올바른 결정을 내릴 수 없으니 말이다.

누구의 일상이라도 흑백과 컬러가 공존한다는 것도 알았으니까. 글은 많이 쓰지 못해도 그들의 일상과 나의 일상을 보는 건 성공한 것 같다.

여행은 내가 지루하다고 생각하던 일상을 새롭게 보게 하는 마법이 있다. 그리고 일상의 나를 보게 한다. 그 일상을 보게해준 그들에게 사랑의 하트 하나를 '살짝쿵' 던져본다. "받아줘. 내 사랑을." 출국하기 위해 비행기에 탑승하면서 "다음번은 어느 나라에 내 마음을 두고 오지?"라고 생각했다.

여행을 갈 때는 설렌다. 지내는 동안은 좋기도 하지만 점점 체력이 떨어지고 처음의 열정이 사라진다. 그런데 떠날 때는 '하루만 더'라는 아쉬움을 가지게 한다. 참 이상한데 매번 그랬고 이번에도 그랬다. 비행기는 이륙하고 있었다. 여전히 아쉬운 나는 내가 좋아하는 책의 구절을 공항 활주로에 뿌렸다. 그렇게 한 번 더 이 여행을 기억하고 싶었으니까.

"여행이 끝나면, 우리는 그 경험 중에서 의미 있는 것들을 생각으로 바꿔 저장한다. 영감을 쫓아 여행을 떠난 적은 없지만, 길 위의 날들이 쌓여 지금의 나를 만들었다는 것은 부인할 수 없다. 김영하의 『여행의 이유』중에서.

오늘의
필사 문장

"여행이 끝나면, 우리는 그 경험 중에서 의미 있는 것들을 생각으로 바꿔 저장한다. 영감을 쫓아 여행을 떠난 적은 없지만, 길 위의 날들이 쌓여 지금의 나를 만들었다는 것은 부인할 수 없다."

김영하 『여행의 이유』

4. 내 행동의 타당성

오늘도 나는 인근 커피숍으로 향한다. 나 혼자 고요한 집에서 공부하든 책을 읽든 하면 되지만 굳이 가방을 들고 매번 집을 나온다. 이유는 모르겠다. 저녁이 되면 다음 날 장소를 녹색 창에 검색한다. '조용한 커피숍' 또는 '공부하기 좋은 카페'를 검색하거나 그 시간까지 있지도 않으면서 '24시 커피숍' 이런 문구를 입력해 본다. 그렇다고 동네를 벗어나서 다른 곳에 갈 것도 아니지만 나는 자주 이런 행동을 한다.

집에서 나를 방해하는 이는 없다. 그런데도 집을 뛰쳐나가야 뭔가 될 것 같다는 생각이 든다. 아! 집에서 나를 방해하는 대표적인 것 몇 개는 있다. 먼저 침대는 유혹의 기술이 대단하다. 매력이 넘쳐서 나를 언제나 자신의 품으로 부른다. 두 번째는 핸드폰이다. 핸드폰의 다양한 기능들과 데이트를 하고 있자면 시간은 이미 나의 것이 아니다. 그러나 밖으로 나가면 그런 행동들은 줄어든다. 사람들과 함께 공존하는 공간이니까 나름의 자제력도 생기는 것 같았다. 나는 한동안 나의 이런 행동이 이해되지 않았다. "도대체 왜 그러는 거야? 너." 이렇게 혼자 묻지만, 돌아오는 답변은 없다.

도서관에 책을 대여하러 갔다가 우연히 권남희의 『스타벅스 일기』란 책을 보게 되었다. 무슨 내용인지는 몰랐지만, 스타벅스란 말에 책을 꺼내 들었다. 주로 내가 가는 공간이 스타벅스니까 책의 내용이 더 궁금했다.

"집에서는 한 줄 쓰고 우느라 못 쓰던 원고가 쭉쭉 잘 쓰였다. 다음날도, 그다음 날도 스타벅스에 가서 일했다. 이런 경험은 태어나서 처음이었다."

그 책의 이 구절을 보는 순간 "역시 내가 이상한 게 아니야."라고 내 마음이 말하는 것 같았다. 나는 내 행동의 타당성을 입증해 줄 문장이 나타났다는 기쁨에 그 책을 품에 안고 집으로 왔다.

"커피숍에 가는 게 뭐가 이상한데?"라고 묻는다면 "조용한 집을 놔두고 매일 카페를 찾아다니는 제가 가끔은 이상해 보입니다."라고 말하고 싶다. 나는 가끔 스스로가 하는 행동 중에 이해되지 않는 것들이 있으면 행동의 타당성을 증명해 줄 무언가를 찾곤 했다. 나 자신이 이해가 안 되기도 하고 남들에게도 이상한 사람이 아닌, 평범한 사람으로 보이고 싶었기 때문이었다. 물론 남은 나를 그다지 신경 쓰지 않겠지만 내가 남을 신경 쓰니까. 그런 나에게 권남희 저자의 책은 내 행동이 이상하지 않다는 것을 확인 해줄 증거물로 충분했다.

가끔 나는 내가 하는 행동이 특이해 보이고 이상해 보인다는 생각을 자주한다. 특히 이런 생각은 괴로움이나 힘듦이 닥칠 때 무자비하게 나를 찾아온다. 내가 이상해서 내 삶에 이런 고통들이 오나? 라는 생각을 하게 될 때면 언젠가부터 남들과 다르지 않다는 것을 확인해 줄 무언가를 찾곤 했다. 왜냐하면 이유를 알면 조금은 덜 힘들어 질 것 같아서다. 그래서 나와 비슷한 사람들을 찾아 동질감을 얻기도 하고 그들을 통해 내가 왜 그럴 수밖에 없는지에 대한 이유를 끊임없이 생각했다. 그러나 종종 내 마음의 상태를 정확한 언어로 표현하지 못할 때가 많았다. 그래서 나는 내 마음 주위를 서성거리기만 했다.

그런 나에게 그림, 글, 음악은 내 마음을 알게 하는 가장 강력한 도구들이었다. 영화나 책을 볼 때면 "그래. 이게 바로 내 마음이야."라고 종종 말했다. 사실 나는 내 마음을 표현하는 방법을 잘 찾지 못하는 사람이었다. 어쩌면, 그만큼 내 마음이 복잡했다는 뜻이기도 하겠지만 말이다. 사실 나란 사람을 나 스스로가 제일 이해하지 못했던 건 아니었을까? 그래서 나에게 나를 이해시키기 위해 끊임없이 노력했던 게 아닐까? 라는 생각을 해봤다.

사람들의 마음을 다양한 도구를 통해 세상에 펼쳐내어 주는 예술가들이 있기에 나는 위로받는다. 그들은 거친 언어로 상처 주면서 나를 깨닫게 한 게 아니라, 포근하게 감싸 안으며 문장으로 음률로 내 마음을 어루만져준다. 이 글을 쓰면서 생각했다. 이제는 모르면 모르는 대로 이상하면 이상한 데로 두고 싶었다. 왜냐하면 '좀 지쳤으니까.' 매번 나란 사람은 나를 비롯한 모두에게 이해시키기 위한 발버둥 같은 노력은 나를 지치게 했다. 그런 노력은 나를 행복하게 하지 않았다. 그래서 타당성의 입증이라는 병에 걸려 늘 애쓰며 살아왔던, 지금도 그러고 있는 나에게 "됐어. 할 만큼 했다. 네 마음대로 살아. 네 행동의 타당성이 어디 있어. 그냥 네가 가는 길이 너의 길이고 그게 너의 역사지."라는 말을 해본다.

"그만 증명해! 뭘 계속 증명하려고 하니? 어차피 네가 하는 행동에 대한 증명은 아무도 관심 없거든. 눈치 그만 봐. 하고 싶은 대로 살아. 인생 뭐 그렇게 길다고… 그러니 부탁하는데 그냥 즐겨줘 네 인생. 나 이제 신나게 살고 싶다."

> **오늘의 필사 문장**
>
> "집에서는 한 줄 쓰고 우느라 못 쓰던 원고가 쭉쭉 잘 쓰였다. 다음날도, 그다음 날도 스타벅스에 가서 일했다. 이런 경험은 태어나서 처음이었다."
>
> 권남희 『스타벅스 일기』

4. 내 행동의 타당성

5. 외로움 속에서 품위를 찾을 수 있을까?

'품위'의 뜻을 찾아보았다. 사전적 의미로 '사람이 갖추어야 할 위엄이나 기품'이라고 한다. 누구나 품위 있고 고상하며 세련되게 살고 싶을 거라고 짐작 해본다. 나는 품위란 여유에서 나온다고 믿고 있다. 여유에는 여러 가지 이유가 있겠지만 마음의 고요와 평안에서 나오는 거라고 생각한다.

삶은 절대로 나를 평화롭게 두지 않기 때문에 마음의 고요는 쉽지 않다. 삶이 나를 괴롭히면 감정이란 것이 따라온다. 기쁨, 슬픔, 외로움, 두려움 등과 한 단어로 정의 내릴 수 없는 복잡한 감정들 말이다. 그런 감정의 변화를 품위 있고 여유롭게 다루기란 쉽지 않다. 나는 삶이 주는 상황들을 대할 때, 감정의 변화가 많은 사람이니 마음의 고요 또한 내 것이 아니다. 고로 나는 품위 있게 살고 싶지만 살지 못하고 있다.

감정 중에 기쁨은 온전히 만끽하면 된다. 슬픔도 누군가의 위로를 받든, 혼자서든 손수건의 도움이든 처리할 수 있다. 외로움? 이 감정은 잘 모르겠다. 일단 이 감정을 대할 때 나는 가장 본능적으로 변한다.

이 나이에 누군가에게 전화를 걸어 외롭다고 징징거릴 수는 없으니 먼저 냉장고를 연다. 그리고 다이어트로 식단을 하던 나는 잠시 잊어버린다. 라면, 과자, 치킨 등 눈에 보이는 녀석을 먼저 꺼내 먹어본다. 먹는 것으로 다 할 수는 없지만 외로움이란 감정을 순간은 잊을 수 있는 나의 방법이다. 나는 우아해지고 싶다. 이렇게 감정의 변화에 따라 냉장고 문을 열고 싶지는 않다. 그래서 외로움이란 감정을 처리할 때는 우아할 수 없는가에 대해 고민하고 있었다. 왜냐하면 나는 이십 대가 아니다. 무려 '불혹'의 나이를 가진 사십 대이다. 사십 대만의 품위는 지키고 싶었다.

"꽤 오랫동안 외로움 속에서도 품위를 찾으려 노력하고 있다. 내게는 힘든 일이다."

매기 넬슨의 『블루엣』이란 책에 나온 구절이다. 책을 보고 외로움은 절대 품위랑 친하지 않다는 결론을 내렸다. 나만 그런 것이 아니라는 격한 공감도 하면서 말이다. 외롭다는 건 '나는 혼자야.'라고 생각되는 것 같았다. 사실 혼자인 사람은 많다. 함께여도 혼자일 수 있고 진짜 혼자인 사람도 있다. 누군가는 혼자인 것이 괜찮을 수도 있다.

나 역시도 혼자서 이것저것 잘하는 사람이지만, 그렇다고 늘 괜찮지는 않다. 가끔은 혼자인 사실이 부끄러운 것 같고 너무 외롭다는 생각이 든 건 사실이었다. 왜 그런 생각을 하는지는 모른다. 그러나 혼자 있다는 건 뭔가 부족하거나 "저 사람 외톨이 아냐?"라는 생각을 남들이 하는 것 같았다. 물론 나 자신을 매번 그렇게 느낀 건 아니다. 가끔 느껴지는 이 생각은 내가 외로움을 싫어하는 생각에 지대한 영향을 준 이유 중 하나라고 설명할 수 있을 것 같다. 아무도 나에게 뭐라고 하지 않지만 혼자 세상의 눈치를 보고 있었다고 하면 설명이 되려나?

세상에 나만 외로운 것 같고 다른 사람은 행복해 보였다. 다들 누군가와 함께하는 모습이 행복해 보였다. '나만 오늘도 혼자서 거리를 배회하네.'라는 생각도 했다.

우리는 누구나 외로운 혼자의 시간을 보낸다. 나는 그 시간을 마주하며 잘 보내는 방법을 배우지 못했다. 아마 그 누구도 '외로움의 시간을 이렇게 보내면 됩니다.'라는 명쾌한 답은 가지고 있지 않은 것 같다. 우리가 자손을 놓아 대를 잇는 것처럼 외로움도 대를 잇는 것 같았다. 부모님의 부모님도 외로웠고, 우리의 부모님도 외로웠다. 나도 외롭다. 지독한 감정이다. 그런데 어쩌겠는가? 나는 외로움을 거부할 능력이 없다. 외로움 속에서 품위를 찾을 수도 없다. 받아들이고 견디어내야 한다. 나만의 방법과 인내심으로 말이다. 시간이 아무리 흘러도 참 어색한 감정이다. 친해질 수가 없는 감정이라고 해 두고 싶다.

여전히 친해지지 않은 앞으로도 친해질 생각이 없는 외로움께 살포시 한마디 전하고 싶다. "외로움 선생님. 그대와 품위는 맞지 않다는 건 알고 계시죠? 저는 품위 있게 살고 싶어요. 선생님이 제 인생에 오실 때마다 제가 냉장고 문을 자주 열어요. 외로움이란 감정에서 벗어나기 위해 저답지 않은 행동들을 많이 한답니다. 그리고 살을 빼면 뭐 하나요? 선생님이 제 삶에 오시면 그간의 저의 노력은 없어지는데… 나이 들어서 살 빼는 것도, 외로운 감정을 대하는 것도 힘들어요. 그러니 좀 봐주시는 건 어떨까요? 제 말뜻은 자주 출몰하는 건 삼가 해 달라는 뜻입니다. 그리고 한 번뿐인 인생인데 우아하고 품위 있게 사는 것도 좋잖아요. 어때요? 그대가 제 인생에 오지 않으면 저는 그 자체만으로도 품위 있을 것 같아요. 부탁드립니다. 선생님은 제 블랙리스트 1순위 세요."

오늘의
필사 문장

"꽤 오랫동안 외로움 속에서도 품위를 찾으려 노력하고 있다. 내게는 힘든 일이다."

매기 넬슨 『블루엣』

6. 이번 생은 두 번 살았으면 해

"어떤 게 제일 후회가 되지? 어떤 결정을 되돌리고 싶니? 어떤 인생을 고를래?"

매트 헤이크의 『미드나잇 라이브러리』에 나오는 문장이다. 후회되는 순간을 세어보자면 열 손가락이 부족하다. 우리는 매번 결정해야 하는 순간을 만나고 어떤 결정을 하느냐에 따라 결과도 달라진다. 내가 한 결정이 옳은 선택인지는 아무도 모른다. 결과가 나와야 알 수 있다. 그리고 모든 선택은 자신이 하는 것이며 결과는 본인의 몫이다. 그 선택에 따라 후회의 상황도 기쁨의 상황도 찾아온다.

예전 TV 프로그램이 생각났다. "그래 선택했어."라는 말과 함께 A의 삶도 B의 삶도 살아 보는 거였다. 선택의 시작은 좋았으나 그 끝이 좋지 않았던 적이 있었고 처음은 별로였으나 그 끝이 좋았던 적도 있었다. 물론 시작과 끝이 같게 좋았던 적도, 나빴던 적도 있었다. 그 프로를 보면서 "더 좋은 선택이란 것이 존재하는 걸까? 어떤 것이 옳은 것일까? 역시 인간은 알 수 없는 것인가?"라는 질문만을 남겼던 예전이 떠올랐다. 그때도 답을 알 수 없었고 지금도 답을 알 수 없다는 게 내 결론이다.

왜 선택에 따른 후회가 많은지를 생각해 보다가 '선택의 순간이 올 때마다 나는 어떤 기준으로 선택했지? 온전히 나만의 선택이었나?'라고 스스로에게 질문했다. 매번 선택은 내가 했다. 돌이켜 보니 친구의 말에 부모님의 기대에 사회에서 좋아 보이는 선택을 했던 순간들도 많았다. 그래서 그 선택이 좋지 않은 결과를 내놓았을 때는 상대방을 원망하거나 환경 탓을 했다. 그 선택을 한 사람이 나임에도 불구하고 말이다.

생각해 보면 나는 나로 살지만 내 몸의 1/3 정도는 내가 아닌 남을 위한 요소로 채워진 것 같았다. 그래서 내 삶에 후회가 많은 게 아닐까? 라는 생각도 해봤다. 온전히 나로 살지 못하고 있었으니까. 사실 남을 위한 선택이든, 나를 위한 선택이든 내가 원하는 결과가 아니면 후회했을 거다. 물론 그 후회의 정도는 다를 수 있겠지만 "좋은 선택과 결론만 내 인생에 초대하고 싶은 건 모든 인간의 바람이 아닐까?"라고 소심하게 혼자 중얼거려본다.

삶은 후회를 동반하고 살아갈 수밖에 없다고 생각한다. 완벽한 선택이란 건 없으니 말이다. 만약 선택의 순간으로 돌아갈 수 있다면 나는 후회를 돌리는 것 말고, 후회하던 시간으로 가서 아프고 슬퍼하는 나의 감정을 공감해 주고 싶었다. 또 자책과 원망으로 머리를 부여잡고 있는 나에게 "왜 그랬니?"라는 말 대신 "그럴 수 있지. 됐어."라고 말하고 싶었다. 그렇게 나를 대하고 내 감정을 받아들여 주면 나의 미래는 달라지지 않을까? 라고 생각했다.

어차피 인생은 선택과 결정이 친구처럼 따라다닌다. 그래서 후회란 시간이 내 삶에 찾아온다면 그 시간을 잘 견뎌내고 싶었다. 선택은 짧고 그 결정에 따른 후회가 생기면, 아주 오랜 시간을 힘들어한다는 것을, 알았으니 말이다. 나이가 들수록 남이 나에게 주는 상처도 있지만 자기 스스로가 주는 상처도 많다는 것을 이제는 안다. 후회를 안 하는 것이 최선이겠지만 후회의 시간이 온다면 나는 그 시간을 잘 보내고 싶었다. 시간은 흘러가고 나의 소중한 나의 하루를 자책으로 보내고 싶지 않기 때문이다.

누군가 진지하게 "이번 생의 어떤 순간을 두 번 살 수 있다면 넌 어느 순간으로 갈 거야?"라고 묻는다면 나는 "아니. 어떤 순간이든 가지 않을 거야."라고 할 것 같다. 그리고 이렇게 말할 거다. "나는 과거로 가고 싶지 않아. 앞으로 나아가고 싶어. 나의 과거는 엉망으로 꼬여 있을지 몰라도 그 실타래를 풀고 싶지는 않아. 그 모든 것이 모여서 고유한 나만의 색을 내고 있는 거니까. 나는 그 실타래를 안고 앞으로 나아갈 거야. 그리고 두 번 사는 거 말고 나는 지금을 살고 싶어. 한 번뿐인 내 인생이니까."

오늘의 필사 문장

"어떤 게 제일 후회가 되지? 어떤 결정을 되돌리고 싶니? 어떤 인생을 고를래?"

매트 헤이그 저자 『미드나잇 라이브러리』

7. 사랑은 지성이다

전시회를 좋아하는 나는 부암동에 있는 '환기 미술관'에 가려고 주말 아침 집을 나섰다. 김환기 선생님의 '우주'란 작품은 워낙 유명해서 알고 있었지만, 문득 선생님의 다른 작품들도 보고 싶었다. 얼마 전 김환기 선생님과 그의 아내인 김향안 여사님의 이야기를 방송에서 본 탓이기도 하다. 오픈 시간에 방문한 나는 몇 명의 방문자들과 여유롭게 입장했다.

단아하고 깔끔한 전시장에서 김환기 선생님의 작품을 감상하고 있었다. 맨 윗 층에 도착해서 그림을 보자마자 갑자기 울컥했다. 정확한 이유는 모르겠다. 김환기 선생님의 캔버스에 표시되어 있는 점이 그리움이라는 말을 들어서 그랬는지도 모르겠다. 커다란 캔버스에 찍혀 있는 셀 수 없는 점들을 보는 순간 내 속에 묻어 두었던 그리움이 터져 나오는 것 같았다.

그 큰 캔버스에 점을 눌러 찍으면서 얼마나 많은 그리움을 쏟아냈을까? 잘은 모르겠지만 그리움을 녹여내는 작업이 '어떤 날은 고통의 순간이지 않았을까? 캔버스에는 점을 찍었지만 마음에는 눈물이 방울방울 떨어지지는 않았을까?'라는 생각도 해봤다. 그러다 그림을 보면서 물었다. "선생님은 그 수많은 그리움을 어떻게 견디셨어요?"라고 말이다. 답해주는 사람은 없었지만...묻고 싶었다. 나도 언제나 그리움을 가슴에 품고 사는 사람이니까.

사실 김환기 선생님은 알았지만, 그의 아내인 김향안 여사님에 대해서는 잘 몰랐다. 환기 미술관을 다녀오고 나서 책을 찾아보다가 두 분에 관해 쓴 책을 보게 되었다. 정현주의 『우리들의 파리가 생각나요』라는 책이었다. 책에는 이런 글이 있었다.

"그들은 사랑으로 발견한 상대를 지성으로 성장시켰다."

그 말의 뜻을 이해하기란 어렵지만 사랑과 지성을 연결한 그 의미가 좋았다. 사랑이 뭔지 묻는 다면 "죽을 때까지 알 수 없는 것."이라고 답할 수밖에 없지만, 사랑으로 시작해 그 이상의 무언가를 같이 이루어갈 수 있는 사람을 만난다는 것은 많은 이들이 원하는 사랑의 모습이 아닐까? 라는 생각도 해 본다.

"사랑하는 사람을 만나 평생 함께 성장할 수 있고, 그 성장이 서로에게 설렘이 되는 사람을 만나고 싶다."는 내 마음과 비슷한 문장이라 나는 더 좋았다. 누군가가 "아직 미혼이라서 그렇지 그건 결혼에 대한 환상이야."라고 말한다면 할 말은 없지만 "아직 미혼이니 환상은 조금 가지고 있겠습니다."라고 오늘은 이야기 하고 싶다. 그리고 어딘가에서 혼자 밥을 먹고 있을 나의 그대에게 "네 옆에 있으면 더 좋은 사람이 되고 싶어."라는 전해지지 않을 말을 살포시 던져본다.

두 분의 사랑은 그저 '사랑해'로 끝난 사이가 아니었다. 남편이 "내 그림의 위치가 어디인지 알면 좋겠어."란 말에 아내는 홀로 파리로 갔다. 1950년대 중반 한국에서 여자가 해외로 혼자 간다는 일이 쉬운 일이었을까? 그렇게 남편과 함께 그녀는 성장했고, 꿈을 키웠던 것 같다. 물론 책에는 아름답게 그려져도 부부의 시간이 아름답기만 한 것은 아니었을 거로 생각한다. 모든 사람의 삶이 그렇듯 말이다. 나도 언젠가 누군가를 만난다면 사랑으로 시작해서 지성으로 성장하는 관계로 살고 싶다고 생각했다. 반드시 존재해야 하는 나의 미지의 짝에게 "저기요… 제 말 듣고 있나요?"라고 괜히 혼자 외쳐본다. 돌아오는 건 침묵뿐이지만.

환기 미술관에 가면 비트라유(채색 유리, 스테인드글라스)가 있다. 그 주변에 이러한 글귀가 있었다. "수화(김환기 선생님 호)는, 내가 죽고 나서라도 눈 있는 사람이 와서 내 그림을 볼 때 인정할 거라고 자신만만했다. 그 눈 있는 사람은 실로 늦게야 왔다."라는 남편을 향한 김향안 여사님의 사랑이 적혀있었다. 그냥 덤덤한 말이었는데 이 글의 끝에 다다르자, 마음이 울컥했다. 사랑을 뛰어넘어서 남편의 작품세계를 너무나 인정한 사람. 그래서 "사람들이 실로 늦게 왔다."라는 말이 더 슬프게 느껴졌다. 세상에 많은 사랑이 있겠지만 나는 서로를 진정 믿고 서로를 존중해주며 살아갔던 두 분의 사랑이 부러웠다.

책에 적힌 말처럼 "사랑은 지성이다."란 뜻을 다 이해하기에는 부족하다. 삶을 아주 많이 살아본 어느 날 조금은 이야기 할 수 있을까? 라는 생각을 해본다. 언젠가 나도 사랑을 하게 되고, 사랑하는 사람과 나이가 들어 지팡이를 짚은 채 걸어가는 날 쭈글쭈글해진 손을 잡으면서 "우리는 잘 사랑했습니다. 저는 당신을 만나 사랑했고 누군가의 아내로 엄마로 저란 사람으로 잘 성장했습니다. 이생에서 나와 함께 해 주어서 감사합니다."라고 말하고 싶다.

이렇게 생각만으로도 따뜻해지면 "나…많이 외로웠나?"라고 생각해본다. 그래, 맞다. 외롭다. 겨울이니까. 날씨도 춥고 마음도 춥다. "어디 손난로 같이 나를 따듯하게 해줄 사람 없나?"라고 허공에 대고 혼자 중얼거려본다. 여전히 아무도 답해주지 않는다. 혼자 있으면 늘어나는 건 혼잣말 뿐 인가 보다. 사랑을 해야 하는데… 아~ 내 인생~

오늘의 필사 문장

"그들은 사랑으로 발견한 상대를 지성으로 성장시켰다."

정현주 『우리들의 파리가 생각나요』

8. 위로하는 법을 몰라서

살면서 위로가 필요한 순간이 있다. 사실 어떻게 위로받고 싶은지는 모르겠다. 내 말에 동조를 해주기를 원하는 건지 아니면 바른길을 가르쳐 주기를 바라는 건지. 나 역시도 내 문제에 대해서 어떻게 위로를 받고 싶은지 모르는데, 남을 위로한다는 게 얼마나 어려운 일인가 하는 생각을 했다. 살면서 많은 사람에게 위로받았다. 때론 우리는 서로를 위로하려고 했다. 그 위로가 도움이 되는 순간도 있었지만, 위로를 받고 상처가 된 순간도 있었다. 그러다 생각했다. "나는 살면서 얼마나 많은 사람들을 위로한다는 핑계로 상처를 준 걸까?"하고 말이다. 매번 그런 것은 아니었겠지만 나의 어설픈 위로는 누군가에게는 잘난 척이나 잔소리지 않았을까? 라는 생각을 해봤다.

이런저런 생각을 하고 있을 때 내가 좋아하는 이기주의 『마음의 주인』이란 책의 한 구절이 생각났다.

"살다 보면 무턱대고 다가가기보다 관심과 무관심 사이 어디쯤에서 인내심을 갖고 누군가를 잠잠히 기다려줘야 하는 순간이 있다. 이유는 자명하다. 그 사람을 기다릴 수 없으면 위로할 수 없고, 위로할 수 없으면 사랑할 수도 없기 때문이다."

잠잠히 기다려줘야 한다는 것이 얼마나 어려운 일인지 살면서 느낀다. 인내심을 가지고 기다려 준다는 건 가만히 그 사람의 말을 들어준다는 뜻도 되고, 상대방 스스로 그 어떤 결정을 내리기를 묵묵히 지켜봐 주는 뜻이기도 할 것이다. 나는 기다리는 것보다는 항상 참견과 서툰 위로를 택했다, 나는 상대방을 생각한다는 뜻이었지만 그게 과연 상대방을 위한 것이었는지는 잘 모르겠다. 아마도 아니었던 순간이 많았을 것 같다.

상대의 말을 온 마음을 다해 들어준다는 건 쉽지 않았다. 상대방의 말을 듣는 순간에도 내가 할 말을 생각한 적이 많았다. "나의 판단과 말을 다 내려놓고 당신이 나에게 하는 말을 있는 그대로 받아들입니다."라고 하는 게 어려웠다. 내 말은 늘 내 입을 튀어 나가서 상대방에게 머무르고 싶어 했다. 상대방의 의사와 상관없이 말이다. 그래서 대부분 상대의 말을 귀담아듣는 건 쉽지 않았다. 상대의 말이 지겨워서가 아니라 '나의 앎'이라는 어설픈 생각들이 내 속에 가득 차서 너의 마음을 담지 못했던 것 같다. 아니 너의 마음을 담을 공간이 없었다는 말이 더 어울릴지 모르겠다.

그러면서 나는 늘 상대에게 '제대로 된 위로'를 바랬다. 그리고 "당신은 나의 마음을 이해하지 못해."라는 말들로 상대를 비난하기도 하고 사람들로부터 마음의 벽을 쌓기도 했다. 그렇게 자발적인 외톨이가 되기도 했다.

그러나 생각해보면 너도 나도 위로하는 법을 잘 몰랐던 것 같다. 정해져 있는 수학 공식 같은 것이 아니니까. 어떤 말은 위로가 되었겠지만 어떤 말은 상처를 덧나게 했으리라. 상처 위에 리본을 달듯이 나의 말들과 행동은 누군가를 더 아프게 했을지도 모른다. 그러나 우리는 위로를 원하고 위로를 받고 그렇게 살아가는 사람들이다. 그래야 살아진다고 믿는다. 단지 우리는 아직 성장해 가는 사람들이고 배워갈 것들이 많기에 서툰 거라고 말하고 싶다. 위로받는 사람도 위로하는 사람도 말이다.

어떤 것이 바른 위로인지는 모르겠지만 너의 말을 끝까지 판단하지 않고 들어 주는 것. 네 마음 옆에 가만히 기대 서 있는 것. 네 편이 되어 주는 것. 너를 믿어주는 것. 이런 것처럼 이제는 말의 위로가 아닌 기다림의 위로를 해주고 싶다는 생각이 들었다. 위로하는 법을 몰라서 잔소리만 가득했지만, 그 잔소리에도 당신을 생각하는 마음이 있었음을 이해해 주기를 바라면서…오늘밤은 말보다는 내 마음 한 편을 비워 위로가 필요한 누군가의 마음을 담아보고 싶다.

> 오늘의
> 필사 문장

"살다 보면 무턱대고 다가가기보다 관심과 무관심 사이 어디쯤에서 인내심을 갖고 누군가를 장장히 기다려줘야 하는 순간이 있다. 이유는 자명하다. 그 사람을 기다릴 수 없으면 위로할 수 없고, 위로할 수 없으면 사랑할 수도 없기 때문이다."

이기주 『마음의 주인』

제5장

일상의 소중함을 일깨워 준 한 문장

유상원

1. 비교와 질투의 부질없음을 깨닫다

 대한민국. 대부분 산지로 되어있어 살기에는 척박하고, 기름 한 방울 나지 않으며, 안 그래도 좁은데 그마저 절반으로 뚝 잘린 땅. 그곳에서 태어난 이상 우리는 어려서부터 경쟁하고 비교하며 자란다. 유럽처럼 가만히 있어도 세계 각지에서 찾아올만한 문화유산이나 자연경관도 없이 믿을 구석은 인적자원뿐이기에 학창 시절 시험 점수로 경쟁을 시작한다. 그렇게 대학입시를 위한 시험을 통해 나라에서 비행기도 띄우지 못하게 할 만큼 경쟁의 결과를 한 줄로 세운다. 대학을 입학하여 학점을 잘 받고 좋은 회사에 취업하면 마치 내 인생의 경쟁이 끝날 것 같았다. 하지만 새로운 어른의 경쟁이 시작된다. 누구랑 결혼했고, 어디에 살고, 자가로 사는지, 차는 외제차인지, 자산은 얼마인지. 자녀들은 공부를 잘하는지 등 비교는 멈추지 않는다.

 게다가 이제는 각종 SNS를 통해 쉽게 다른 사람의 삶을 엿볼 수 있게 되었다. 내 주변과 비교하던 시절은 가고 일면식도 없는, 하지만 내가 원하는 건 다 가진 사람들과 나를 비교하게 되고, 부러움과 허탈감을 느끼는 경우가 많다. 실제로 자본주의 사회에서 기업들은 타인과의 비교와 질투를 통해 우월감을 느끼는 인간의 본성을 도구로 사용하여 과소비를 유도한다. 따라서 SNS를 보면 나 빼고는 다 잘사는 것처럼 보인다. 나만 뒤처진 것으로 보인다. 하지만 알고 보면 내가 부러워하는 대상들도 결국에는 나와 비슷한 처지인 경우가 많다. 주변과의 비교로 인해 나 자신이 한없이 작아 보일 때는 다음 문장을 마음속으로 되새겨보자.

"누구나 자신의 바닥은 좀처럼 보여주지 않는다. 비교는 자신만 아는 바닥과 타인이 보여주는 꼭대기와의 대화다. 여기서 우리가 놓치는 것은 상대도 역시 나와 같다는 것이다. 그래서 기나긴 인생의 여정과 사건의 다양성을 놓고 보면 비교는 참으로 부질없는 게임이다."

스타 강사로 유명한 김미경의 『마흔 수업』에 등장하는 문장이다. 곧 마흔이 되어가는 시점이라 '꼭 한 번은 읽어야겠다.' 마음먹은 찰나, 마침 확장판이 나왔다. 바로 구매하고 읽게 되었다. 청중들에게는 늘 희망과 긍정의 메시지를 주고 많은 이들의 롤 모델이 되는 최고의 강사인 만큼 『마흔 수업』 속에는 귀감이 되고 필사까지 할 정도로 좋은 내용이 많았다. 그중 단연코 '비교'와 관련된 문장은 압권이었다.

이 책을 읽으며 떠오르는 사람이 있었다. 평소 외제차를 자주 바꾸던 지인이다. 그의 인스타그램에는 금색 손목시계와 외제 차 사진이 도배되어 있다. 언뜻 보면 남부러운 것 없는 인생이다.

그러던 어느 날, 그 지인과 식사를 하게 되었고 속사정을 알 수 있었다. 월급이 충분치 않아 차량 유지가 힘들다고 한다. 결혼도 하고 아이도 있는데 돈이 없어 빌라에 월세로 거주 중이라고 했다. 그것도 모자라 보험약관대출까지 끌어 쓰고 있었는데, 언제까지 이렇게 살아야 할지, 대출을 다 갚는 게 가능할지 모르겠다고 했다. 그러더니 최근에 내 집 마련에 성공한 내가 너무 부럽다고 했다.

내가 존경하는 일본인 기업가 중에는 마쓰시타 전(現 파나소닉)의 창립자이자 '경영의 신'이라 불리는 마쓰시타 고노스케 회장님이 있다. 마쓰시타 회장님의 이야기 중에는 수많은 이야기가 있지만, 직원 중 한 명과 나눈 대화는 아직도 잊히지 않는다.

"회장님은 어떻게 이렇게 큰 기업을 이루고 큰 성공을 하셨습니까?"
"하늘에서 세 가지 큰 은혜를 입고 태어났다네. 첫 번째는 가난한 것. 두 번째는 허약한 것. 세 번째는 못 배운 것이라네."
"어째서 그 세 가지를 은혜라고 하시는지 저는 이해가 안 됩니다."
"가난했기에 부지런해야 함을 알게 됐고, 허약했기에 건강의 중요성을 깨닫게 됐다네. 그리고 못 배웠다는 사실 때문에 누구에게서 무엇이라도 배우려고 노력했다네."

그는 태어날 때부터 금수저이거나 재능이 있던 것이 아니다. 어떤 이에게는 절망을 불러올 수도 있는 거대한 불운을 은혜로 받아들였다. 돈이 많거나 건강하거나 가방끈이 긴 다른 이들과 자신을 비교하지 않왔다. 시기와 질투를 하며 주어진 환경에 굴하는 것이 아니라, 오히려 그 결핍을 성장의 동력으로 사용했다. 그렇게 일본 최고의 기업 중 하나인 파나소닉을 키웠다.

그렇다. 남과 비교할 필요가 없었다. 인간은 무리 짓기 본능에 의해 비교하지 않고 살기는 어려울 수 있다. 혹시나 부러울 때가 있다고 하더라도 그건 딱 10분이면 된다. 그것을 내 발전에 필요한 동력으로 삼으면 그걸로 충분하다. 또한, 내가 생각한 것보다 남은 나에게 관심이 많지 않다. 살아가는 데 있어 다른 사람이 나를 어떻게 생각하는지는 내 알 바가 아니다. 내게는 다른 사람의 시선 때문에 걱정하는 것보다 훨씬 더 중요한 일이 있음을 상기시켜 보자. 지민석의 『누구에게도 상처받을 필요는 없다』에서는 '비교'라는 단어로 지은 이행시가 나온다.

"비교를 2행시로 하면 비참해지거나 교만해지거나 라고 합니다."

남과 비교하여 내가 더 열등하다면 비참해질 것이고, 내가 더 우월하다면 교만해질 것이다. 비교는 과거의 나와만 하면 된다. 과거의 나보다 더 성장했다면 그것으로 충분하다. 우리가 부러워한 타인의 모습은 어쩌면 파노라마처럼 길게 펼쳐지는 그들의 삶에서 좋은 순간에 속하는 한 장면일 수도 있다. 그저 앞만 보고 묵묵히 가다 보면 남과 비교하기보다는 늘 과거의 나와 비교하며 더 나은 미래를 꿈꿔본다. 그게 곧 경쟁에서 이기는 법이니까.

오늘의
필사 문장

"누구나 자신의 바닥은 좀처럼 보여주지 않는다. 비교는 자신만 아는 바닥과 타인이 보여주는 꼭대기와의 대화다. 여기서 우리가 놓치는 것은 상대도 역시 나와 같다는 것이다. 그래서 기나긴 인생의 여정과 사건의 다양성을 놓고 보면 비교는 참으로 부질없는 게임이다."

김미경 『마흔수업』

2. 하루하루의 소중함을 일깨우다

　학창 시절부터 지금까지 많은 취미활동을 해오고 있다. 바둑, 축구, 탁구, 피아노, 기타 연주, 영어, 일본어 등 외국어 학습과 온라인 게임. 그리고 봉사활동까지. 그 누구도 부럽지 않은 취미 부자였다. 다만, 독서나 글쓰기, 재테크와 같은 활동에는 관심이 없었다. 냉혹한 자본주의에 던져진 나를 보호할 수 있는 수단에 대해선 무지했다. 다른 사람과 어울릴 수 있고 활동적으로 보여야만 진정한 취미라 생각했다. 따분해 보이는 것은 내 시야에는 없었다. 그러다 생존을 위해 재테크를 공부하고 독하게 독서를 읽게 된 계기가 있었다.

　결혼 후 가정을 이루고 살면서 집 때문에 마음고생을 많이 했다. 전세로 시작한 신혼생활부터 여러 차례 임대인의 갑질을 겪었고, 세입자의 신분은 항상 을의 위치에 있었다. 그때까지만 해도 세상은 내 편도 아니고 불합리하고 불공평하다고 생각했다.

　가족들에게도 너무 미안했다. 나름 서울 소재 대학교를 졸업한 뒤 대기업에, 그것도 건설회사에 다니면서도 우리 가족의 울타리는 책임지지 못했다. 그렇게 자책만 하며 살던 어느 날 천금 같은 기회가 찾아왔다. 건설 현장의 특성상 외진 곳에 있어 숙소 생활을 해야 하며, 근무시간 또한 매우 길다. 그러던 중 9 to 6 형태의 일반적인 사무 업무가 가능한 곳으로 이직하게 되었다. 연봉은 큰 변화가 없지만 근무시간은 30%가 줄어들었고 재택근무가 자유로웠다. 회사의 위치도 집에서 멀지 않았다. 앞으로는 가족들에게 충실하며 자기 계발에 힘쓰겠다는 약속을 하며 가족의 동의를 얻었다. 그렇게 건설 현장을 떠나 일반적인 사무실로 출근하게 됐다.

새로운 회사의 첫 출근을 하는 날, 기대 반 설렘 반으로 아침 일찍 집을 나섰다. 이직이 처음인 데다 오랜 습관으로 눈이 일찍 떠진 이유도 있었다. 사무실에 일찍 도착하여 나를 안내해 줄 동료 직원을 기다리며 통유리를 통해 쏟아지는 밝은 햇살을 만끽했다. 산뜻한 벽지와 사무실을 가득 채운 향기가 나를 반겨준 그날이 아직도 눈에 훤하다.

건설 현장에서는 아침 일찍 일어나야 했지만 교통 체증은 없다는 장점이 있었다. 하지만 이제는 지하철로 출근하게 되니 7시부터는 엄청난 인파에 갇혀 타야 한다는 것을 체감했다. 가끔은 꽤 무게가 나가는 나 또한 인파에 휩쓸려 잠시 공중 부양을 할 정도였다. 도저히 감당하기 힘들었던 나는 어차피 아침 일찍 눈이 떠지는 거 그냥 일찍 출근하자고 마음먹었다. 그렇게 나의 4시 반 기상과 첫 차로 사무실에 도착하는 루틴이 시작됐다. 그 당시는 집 때문에 고생했던 기억이 역력했던 시기였기에 재테크 공부를 해야겠다 마음먹었다. 살면서 독서를 해본 경험이 없기에 하루 10페이지만 읽자는 마음으로 책을 읽기 시작했다.

출퇴근 길에는 재테크나 시사 관련 유튜브 시청을, 사무실에 도착해서는 업무 시작 전까지 두 시간 정도 독서를 하는 습관은 이렇게 탄생하게 되었다.

내 인생의 전환점을 몇 가지 꼽으라 한다면 단연코 이때 시작한 '독서'라 할 수 있다. 대학 입학이나 취업의 순간도 있겠지만 무엇보다 굳어있던 내 사고방식이 바뀐 시작점이 바로 독서였다. 독서를 통해 나와는 전혀 다른 사람들의 이야기를 들을 수 있다. 그 의견에 내 생각을 붙여서 나만의 기준을 만들 수 있다. 시간과 장소에 구애받지 않고 금전적인 부담도 크지 않다. 기록을 위해 시작한 SNS는 이전과는 다른 넓은 세상을 보게 해주었다.

성인 평균 독서량이 1권이 안 된다고 하지만 블로그나 인스타그램에는 수십만 명의 작가님들이 활동하신다. 전문 작가가 아니더라도 자신이 강점인 분야의 글을 쓰고 나누면서 서로 간의 정보를 공유할 수도 있다. 남중, 남고, 공대, 군대, 취업, 결혼, 출산, 월급쟁이라는 가지만 남은 나무에 푸른 잎과 달콤한 과실을 맺히게 해준 것이 바로 독서였다.

독서를 시작하고부터 내 인생이 180도 바뀌게 되었다. 우선, 재테크를 위한 공부로 시작한 독서였기에 부동산, 주식, 경제관념에 대한 지식이 단단해졌다. 이를 기록하기 위해 블로그와 인스타그램을 시작하게 되었다. 그러다 독서가 재미있어지고 서평단 같은 서포터즈 활동을 하고 공동 저서까지 출간하게 되었다. 재테크 도서로 시작했지만, 지금은 인문학, 철학, 심리학, 역사 등 분야를 가리지 않는다. 세상 모든 것은 이어져 있다는 것을 알게 되었기 때문이다. 하루에 10페이지만 읽자고 다짐하며 시작했던 독서는 매일 2시간 반씩 거의 2년째 꾸준히 하고 있다. 현재는 평균 월 독서량은 10권이 넘는다. 물론 재택근무를 활용하여 육아도, 집안일도 하며 이직할 때 했던 약속을 지키고 있다.

주말에는 꾸준히 풋살도 하고 있다. 아이와도 매주 일요일 도서관을 가서 숙제도 하고 공부도 하고 독서도 하고 있다. 원래 없었던 소유욕도 더 작아져서 돈을 거의 쓰지 않는다. (그 때문인지 용돈이 몇 년째 제자리다.)

"성공하는 사람들은 퍼즐 조각을 맞추기 전에 이미 퍼즐의 완성본을 선명하게 그린다. 또한 아주 구체적인 목표가 있기 때문에 퍼즐 한 조각의 가치를 누구보다 잘 알고 있다. 그러니 하루하루를 천 피스짜리 퍼즐의 한 조각처럼 소중하게 생각할 수밖에 없다."

김익한의 『파서블』에 나오는 한 구절인데, 시간의 소중함을 잘 그려 낸 문장이다. 『파서블』은 일상 기록의 중요성을 일깨워주는 책이다. 하루, 일주일, 한 달 기점으로 체계화하여 일상을 기록하고, 이를 생각의 도구로 활용하는 방법을 제시해 준다. 이 중에서도 특히 하루하루의 중요성을 강조하는 문구가 가장 기억에 남는다. 하루 10분 기록의 소중함과 꾸준한 일상의 기록만이 오늘의 경험을 내일의 지식으로 만든다는 저자의 문장은 나에게 시간의 중요성을 다시 한 번 일깨워준다.

세상은 불공평하다. 정확히 말하자면, 공평하지 않고 공평할 수도 없다. 다만, 그 누구에게나 공평한 것이 있다면 세상 모두에게는 하루에 24시간이 주어진다는 사실이다. 이 사실만 일찍 깨달아도 좀 더 시간을 알차게 보낼 수 있다.

문득 독서를 전혀 하지 않았던 지난 35년의 삶을 되돌아본 적이 있다. 취미 부자였던 나에게도 독서는 목록에 없었던 시절이 있었다. 지금은 가족, 회사 다음으로 시간을 많이 투자하는 것이 독서다. 앞으로 남은 내 인생의 대부분 차지할 독서를 왜 이전부터 하지 못했을까 후회하기도 한다. 특히 게임이나 스포츠, 연예계 가십거리에 허비했던 그 모든 시간의 절반만이라도 책을 읽었더라면 지금의 내 인생은 얼마나 많이 바뀌었을까 생각해 본다.

여담이지만, 전 직장에 재직 당시 해외로 파견근무를 한 적이 있다. 힘든 여건 탓에 일이 끝나면 열악한 환경을 잠시나마 잊고 싶어 드라마와 예능을 챙겨봤고, 게임도 매일 2~3시간씩 했다. 대략 계산해 보니 2년 동안 약 2천 시간이었다. 이 중 절반만 독서했다면 1년에 150권 정도 읽을 수 있는 시간을 허비한 셈이다. 어린 시절부터 지금까지 흘려보내온 시간을 다 합치면 어마어마한 시간이 될 것이다. 이 중 절반이라도 유용하게 쓸 수 있었다면 지금까지 만났던 수많은 선택의 기로에서 좀 더 지혜로운 선택을 할 수 있었을 것이다. 이렇게 생각하고 나니 흘려보낸 그 시간이 너무 아까웠다. 한 번 보내버린 시간을 되돌릴 수도 없기에 마음도 쓰라리게 아팠다. 그리고 앞으로 나에게 주어지는 모든 시간을 효율적으로 쓰리라 다짐하게 되었다.

　김익한의 『파서블』을 완독하고 나서는 이미 흘러간 시간을 붙잡을 수 있는 유일한 방법은 기록임을 알게 되었다. 이후 나는 다이소에 가서 손바닥만 한 수첩 3개를 구입해서 내 일상의 동선에 비치해 두었다. 평소 느낀 감정이나 번뜩이는 아이디어, 내일 할 일 등 생각나는 대로 기록해 둔다. 비록 비상금 위치 같은 건 기록할 수 없지만, 최소한 나의 자투리 시간을 활용하고 아이디어를 기록해 둠으로써 나를 점검하고 생각의 성장을 경험하고자 한다. 어제와는 달라진 나, 훗날 내가 원하는 나의 모습으로 변모한 내 자신을 발견할 때까지 시간을 소중히 여기고 기록하는 생활을 이어 나가고자 한다.

오늘의 필사 문장

"성공하는 사람들은 퍼즐 조각을 맞추기 전에 이미 퍼즐의 완성본을 선명하게 그린다. 또한 아주 구체적인 목표가 있기 때문에 퍼즐 한 조각의 가치를 누구보다 잘 알고 있다. 그러니 하루하루를 천 피스짜리 퍼즐의 한 조각처럼 소중하게 생각할 수밖에 없다."

김익한 『파서블』

3. 운은 선택한 자에게만 온다

어느덧 성인이 되다 보니 나와 비슷한 연령대에 성공한 연예인이나 스포츠 스타들이 자주 등장했다. 그들의 이야기를 들으면서 나에게는 없는 운이 그들에게는 있다고 생각했던 적이 있다. 그들은 무엇보다 운이 좋았던 것이고, 나는 열심히 했지만 단지 운이 없었다고 생각했다. 그렇게 생각하는 편이 더 편했기 때문이다. 어찌 됐든 내 잘못은 아니라고 말할 수 있으니까. 그들에게 "어떻게 이렇게 잘할 수 있나요?"라고 물어보면 한결같은 "운이 좋았을 뿐이에요."와 같은 대답이 돌아온다. 그럴 때마다 나는 '그래. 나도 운 좋으면 너희들처럼 성공했을 거다. 단지 운이 없어서 그랬던 거야. 언젠간 내게도 운이 찾아오겠지.'라며 자기 위로의 말을 건네기 바빴다. 마음만 편해질 뿐 바뀌는 건 없었다.

"결국 운이란 세상이 내게 던진 수많은 질문과 기회에 대한 나의 선택이다. 세상이 내게 던진 수많은 선택지에 대한 나의 답이 모두 합쳐 나의 운을 만든다."

그러던 중 당시 구독자 150만 명의 유튜브 채널 〈김작가 TV〉를 운영 중인 김도윤의 『럭키』를 읽게 되었다. 이 책을 통해 운에 대해 내가 수십 년간 가지고 있던 고정관념이 변화하기 시작했다. 이 책은 저자가 10년 동안 성공한 인물 1,000명과 인터뷰를 하면서 발견한 '운'에 대한 이야기이다. 성공의 이면에는 운을 만드는 일곱 가지 열쇠인 사람, 관찰, 속도, 루틴, 복기, 긍정, 시도가 숨겨져 있다고 저자는 말한다. 그리고 운은 어느 날 갑자기 문을 두드리는 것이 아니라 내가 만들어야 한다는 것도, 운을 선택해야만 운이 찾아온다는 것도 알게 됐다. 살면서 내가 해온 선택들과 그 선택들이 불러온 운이 모여 지금의 내가 만들어졌다는 것을 깨닫게 되었다.

언제나 불행뿐이라 생각했던 나의 과거에서 혹시나 모를 운은 없었는지 곰곰이 생각해 본 적이 있다. 그 결과, 뜻하지 않았던 행동들이 좋은 결과를 불러온 적이 꽤 많았다는 것을 알게 되었다.

- 어린 시절 태권도 대신 바둑을 배우기 시작한 이후 도내 대회 2위까지 입상했던 경험
- 내신 성적을 잘 받기 위해 한 단계 낮은 고등학교에 진학했고 결국 서울 소재 대학교에 수시로 입학했던 경험.
- 호주에 있을 당시 친했던 일본인 친구들의 영향으로 영어와 일본어까지 3개 국어가 가능해진 경험.
- 사내 제도를 착각하여 불필요하게 취득했던 자격증과 가족과 떨어져 너무나도 힘들었던 방글라데시 파견근무, 이 두 가지 덕분에 업종이 전혀 다른 회사로 이직할 수 있었던 경험.

- 이직 후 자투리 시간을 활용해 '하루 10페이지' 독서를 시작한 이후 매달 10권을 달성하는 다독가로 변하게 된 경험.
- 읽은 책을 기록하기 위해 인스타그램을 시작한지 1년만에 내 이름으로 된 종이책 출간의 경험.
- 부동산 하락의 분위기에도 분양을 받아 내 집 마련에 성공한 경험.

이처럼 조금만 깊이 생각해 봐도 이 모든 것이 나에게도 준비된 상황에서 운이 왔었고 이를 선택했던 경험이 많았다. 의도를 했든 의도치 않았건 내가 무언가를 선택했고 실행했기에 찾아온 결과물이었다. 운은 선택한 자에게만 온다. 매사에 불평만 늘어놓고 남 탓하며 침대나 소파에 누워 휴대폰을 만지다가 잠들면 운은 찾아오지 않는다. 그럴수록 푹 자고 일어나서 집중해서 결과를 만들어내야 한다.

발명왕 에디슨은 "천재는 1퍼센트의 영감과 99퍼센트의 땀으로 이루어진다."라고 했다. 워낙 유명한 말이라 해석하는 방식이 다양하기도 하고, 물의 끓는점에 비유해서 표현하기도 한다. 혹자는 1퍼센트의 영감이 없으면 어차피 실패한다고들 하지만 나는 이와는 다르게 생각한다. 1퍼센트의 영감을 발견하더라도 그전까지 99퍼센트의 노력이 쌓여있지 않으면 결국 완성되지 않는다. 언제 찾아올지 모르는 기회를 잡기 위해서는 그 기회를 잡을 준비가 되어있어야 한다. 잠자리를 잡고 싶으면서도 잠자리채가 없으면 잡지 못한다. 물이 들어오기 전부터 노를 젓고 있지 않으면 물이 들어왔을 때 저어도 추진력을 받기 어렵고 그러다 다시 물이 빠질 수 있다. 돛단배도 돛을 펼쳐놓고 있어야 바람을 타고 갈 수 있다. 바람이 부는 걸 보고 펼치기에는 바람이 기다려 주지 않는다.

유명 연예인의 데뷔 일화를 듣다 보면 친구 따라 오디션 보러 갔다가 눈에 뜨여 데뷔했다는 이야기를 종종 듣는다. 축구 선수 중에는 만년 후보로 있다가 같은 포지션의 주전 선수가 부상을 당해 교체로 투입되었다가 실력을 인정받고 주전으로 자리 잡는 경우가 많다. 흔히들 생각하는 '운이 좋은' 케이스라 할 수 있다. 다만, 온전하게 운 때문일까? 아니라고 생각한다. 친구에게 떠밀려 나왔겠지만, 오디션을 보기 위해 평소 보컬이나 댄스 트레이닝을 받았을 것이다. 오디션 직전에는 몸 관리도 하고 옷도 갖춰 입고 메이크업, 헤어스타일도 관리했을 것이다. 축구 선수의 경우, 후보 선수라도 언제든 대타로 뛸 준비가 되어 있어야 한다. 그 후보 선수는 혹시라도 경기장으로 나갈 수 있다는 기대감에 워밍업을 하다가 결국 출전하지 못하고 여러 차례 좌절했을 것이다. 경기를 많이 뛰지 못하면 경기력도 많이 저하도 있을 터인데, 경기장에 나가게 되는 순간은 이런 부분을 드러내면 안 된다.

즉, 준비되지 않은 모습을 보이지 않기 위해 끊임없이 갈고 닦고 있었을 것이다. 단지 운이 없어 본인의 차례가 오지 않은 것일 뿐. 혜성처럼 나타난 것이 아니라 기본기로 내공을 쌓은 뒤 준비된 채로 기다리고 있던 것이다. 이처럼 운이 없어서도 안 되지만 운이 다는 아니다. 그렇기에 언제든지 준비하고 있어야 한다.

사람에 따라 성공의 정의가 다를 수는 있지만 최소한 무언가를 달성하기 위해서는 순전히 운만 기대해서는 안 된다. 지금, 이 순간에도 준비되지 않은 자에게는 보이지 않는 무수한 기회들이 들어왔다 나오기를 반복하고 있을 것이다. 이를 보는 것은 제대로 준비된 자일 것이다. 어떤 기회가 언제 어떤 형태로 찾아올지는 아무도 알 수 없다. 하지만 언젠가 나에게 찾아올 기회를 두 팔 벌려 환영하기 위해 나는 오늘도 책을 읽고 글을 쓰고 공부도 하고 뉴스도 본다. 그동안 내가 찍어둔 수많은 점이 운 좋게 이어지고 이어져 나만의 아름다운 도형이 되기를 기원해 본다. 훗날 나에게도 당당하게 "운이 좋아서"라고 말할 날을 기대해 본다.

> **오늘의 필사 문장**
>
> "결국 운이란 세상이 내게 던진 수많은 질문과 기회에 대한 나의 선택이다. 세상이 내게 던진 수많은 선택지에 대한 나의 답이 모두 합쳐 나의 운을 만든다."
>
> 김도윤 『럭키』

4. 모든 선택과 책임은 나한테 있다

직장생활을 하던 중 내 눈에는 (지금도)너무나 예쁜 지금의 아내를 만났다. 당시 내가 일하던 부서는 특성상 해외 근무지로 차출되어 파견되는 경우가 잦은 곳이었다. 자칫 좋은 시기를 놓치고 해외로 파견을 가면 노총각이 될 확률이 높다. 실제로 그런 동료들도 많았기에 미혼인 직원들에게는 늘 노총각의 미래가 도사리고 있는 그런 곳이었다. 만나고 있던 여자 친구를 놓치고 싶지 않았고, 해외로 차출되기 전 프러포즈를 했고 결국 결혼에 골인하게 되었다.

결혼하게 되면 누구나 거쳐야 하는 통과의례가 있다. 바로 집이다. 결혼 후 두 다리 뻗고 누울 우리만의 보금자리가 있어야 가정을 꾸릴 수 있다. 문제는 집을 어떻게 구하냐는 것이었다. 당시 부동산에 대해서 무지했다. 뭐가 그리 급했는지 구체적인 미래 계획도 없이 결혼 준비에 돌입했다.

그 시절 나는 잘 모르는 부분은 주변 사람들의 조언을 통해 결정하는 게 당연하다고 생각했던 때였다. 스드메(스튜디오, 드레스, 메이크업)를 시작으로 예물, 예단, 신혼여행과 같은 결혼 과정은 스스로 해도 좋지만, 주위의 조언을 토대로 진행해도 큰 문제가 되지 않는다. 하지만 결혼식 이후 펼쳐진 우리 가족의 미래와 관련해서는 오롯이 우리가 선택하고 책임져야 한다는 사실을 당시에는 몰랐다. 주변의 여러 사람의 의견을 종합하여 15년 된 복도식 21평짜리 아파트를 전세로 구했다. 최근 집값이 너무 많이 올랐다는 것이 당시의 정론이었다. 놀랍게도 이때가 2015년 말이었다.

이후 1년 만에 예쁜 첫째가 우리를 찾아왔다. 얼마 지나지 않아서 해외 파견을 가게 되었다. 너무나도 외진 곳이라 가족들과 함께 가기 힘든 환경이었고, 결국 혼자서 파견을 가게 되었다. 그나마 근무지가 오지인 만큼 급여는 한국에서보다 훨씬 많이 받을 수 있다는 것이 유일한 위안이었다. 처가의 도움을 받긴 했지만, 아내도 복직하여 소득이 있었기에 지금은 엄두도 못 낼 만큼의 월 현금흐름이 생겼다. 내가 한국으로 돌아올 때까지 2년 동안 돈을 많이 모아 집을 사기로 마음먹었다.

그렇게 2년이라는 시간이 흘렀고, 나는 한국으로 돌아왔다. 이제는 집을 살 차례였다. 파견 기간 동안 부동산에 대해서 조금이라도 공부했었다면 좀 더 현명하게 현실을 파악했을 것이다. 하지만 파견 생활이 쉽지만은 않다는 핑계로 시간을 허비하며 온갖 예능, 드라마, 게임을 섭렵했다. 그렇게 귀국하고 나니 2년 동안 우리가 피땀 흘려 모든 돈은 고스란히 전세보증금으로 들어가도 모자랄 수준으로 집값이 올랐다. 결국 또 전세 열차를 타게 되었다. 제자리에 서 있기 위해 그동안 쥐가 잔뜩 오른 다리로 전력 질주를 하고 있었다는 생각이 들었다. 어쩌면 뒷걸음질 치고 있었던 것인지도 모른다. 소리 소문 없이 찾아온 허망함과 위기감은 그렇게 나를 집어삼켰다. 이때가 2019년이었다.

지금에서야 돌이켜보면 이때 집을 샀어도 현명한 선택이었다. 하지만 전혀 공부가 되어있지 않던 나에게는 2년 전보다 높아진 집값은 걸림돌이 되었다. 2년 동안 모은 돈은 절대로 작은 액수가 아니었지만, 오른 전세금을 감당하기 힘들 만큼 집값은 더 올랐다. 곧 떨어질 것이라는 막연한 전망이 가득했던 주변인들의 조언은 그렇게 내 집 마련의 꿈으로부터 나를 저만치 떨어뜨려 놓았다.

이후 2021년 말까지는 역사적으로 집값이 폭등하기 시작했다. 이제라도 집을 사야만 한다고 생각했다. 주변에서도 무조건 사야 한다고 했기에 이번에는 정말 사야겠다고 마음먹었다. 하지만 사채를 끌어오지 않고서는 살 수 없는 정도로 집값이 올라와 있었다. 내 처지에 매수는 불가능했다. 그렇게 세 번째 전셋집으로 이사하게 되었다. 전세보증금은 더 오르고, 평수는 줄어들었다. 그 사이 둘째까지 태어났다.

이쯤 되니 잘못하다가는 길바닥에 나앉을 수도 있겠다는 생각이 들었다. 그렇게 내 인생 처음으로 부동산을 공부하게 되었다. 부동산 관련 유튜브를 시작으로 네이버 부동산, 호갱노노, 아실 등 부동산 관련 어플의 사용법을 익혔다. 평일 저녁에는 임장도 다니면서 근처 편의점에서 끼니를 해결했다. 그렇게 내가 살던 곳, 내가 일하는 곳과 그 근처에 있는 아파트 단지의 이름, 특성, 전세/매매의 시세, 학군을 공부했다. 언제 찾아올지 모르는, 하지만 언젠가는 찾아올 내 집 마련의 기회를 이번에는 잡기 위해 1년 정도는 '아파트'에 미쳐있었다. 그러던 중 기회가 찾아왔다.

내가 살던 지역에 A단지에서 분양 모집공고가 올라왔다. 평소 눈여겨보고 있었던 곳이기에 모든 분석을 끝내놓은 상태였다. A단지는 분양가 상한제가 적용되었기에 분양가는 15년 된 주변 구축 아파트보다 수천만 원 더 저렴했다. 신기하게도 모든 좋은 조건을 가진 A단지는 미분양이 났다. 여러 가지 이유로 분양가가 매우 저렴했음에도 불구하고 당시 사람들은 더 떨어지면 그때 사면된다는 의견이 팽배했다. 내가 판단했던 호재들은 악재로 평가되었다. 그렇게 우리 가족을 제외하곤 내 주변에 A단지를 분양받은 사람들은 아무도 없었다.

결과는 어떻게 되었을까? 최초 미분양이었던 그 단지는 얼마 지나지 않아 완판됐고, 지금은 많이 올랐다. 예상치도 못할 만큼 올랐고, 우리는 곧 있을 입주를 앞두고 있다. 입주한 뒤 어떻게 생활할지, 아이들은 어떻게 학교생활을 할지 행복한 고민을 하고 있다. 남의 말만 들었을 때는 집값이 쌀 때는 전세로 살고 비쌀 때는 집을 사려 했다. 하지만 내가 분석하고 내가 선택하고 내가 책임지고자 했기에 지금의 결과를 얻을 수 있었다.

"중요한 재무 결정은 저녁 식탁에서 이뤄진다. 수익률을 극대화하려는 의도가 아니라 배우자나 자녀를 생각하며 결정을 내린다. 따라서 사람에 따라 다를 수밖에 없고, 누군가에게는 옳은 것이 다른 사람에게는 틀린 것일 수 있다. 우리는 자신만의 투자 전략을 찾아야 한다."

모건하우절의 『돈의 심리학』의 한 구절인 이 문장은 내 집 마련의 과정에서 얻은 깨달음을 가장 잘 나타낸 문장이다. 이제 나의 삶과 관련된 모든 것을 결정하거나 판단할 때는 나만의 판단 기준을 가지고자 노력한다. 나의 경우 내 집 마련 스토리를 예로 들었지만, 이 외에도 진로, 취업, 이직, 내부 조직이동 등 조언을 구할 순 있어도 결국 내가 선택하고 내가 책임져야 하는 상황을 많이 만났다. 이럴 경우 책이나 유튜브, 블로그, 전문가의 조언은 판단의 재료가 된다.

하지만 그것을 어떻게 요리할지는 나의 선택이고, 그 요리의 맛은 내 책임이다. 다른 사람의 말에 일희일비하는 것이 아닌, 내 입맛에 맞는 레시피를 만드는 것이 내가 해야 할 일이다. 타인의 말을 맹신해서도, 그 사람을 탓해서도 안 된다. 스스로 취사선택해야 한다.

아직 뚜렷할 만한 성과를 내지 못하고 있다면 나만의 기준을 세우고 역량을 키워보자. 그 어떤 풍파에도 휩쓸리지 않을 기준을 만들고 타인의 편협한 판단이 끼어들 틈을 두지 말자. 조언을 얻을 수는 있지만 내 상황에 어떻게 적용할 수 있을지는 내가 가장 잘 안다. 타인은 내 인생을 책임져주지 않는다. 모든 선택과 책임은 나에게 있음을 명심해야 한다.

> 오늘의 필사 문장

"중요한 재무 결정은 저녁 식탁에서 이뤄진다. 수익률을 극대화하려는 의도가 아니라 배우자나 자녀를 생각하며 결정을 내린다. 따라서 사람에 따라 다를 수밖에 없고, 누군가에게는 옳은 것이 다른 사람에게는 틀린 것일 수 있다. 우리는 자신만의 투자 전략을 찾아야 한다."

모건하우절 『돈의 심리학』

5. 세상에 불평불만을 가질 필요가 없다

　30대 중반까지의 내 경제관념에 관해 설명하자면 쥐구멍에 숨고 싶은 것이 솔직한 심정이다. 부동산, 주식, 채권, 연금, 보험, ISA 계좌, 연금. 자본주의 시대에 살면서도 돈에 대해서는 쉬쉬하는 경향이 있다. 나 또한 이런 것들을 혼자 공부하기 전까지는 가만히 있으면 자연스레 알게 될 것이라는 안일한 생각을 했던 것 같다. 내가 모르는 건 그 누군가 알려주지 않았기 때문이라는 생각이 나를 지배하고 있었다. 내가 부자가 되지 못한 것도, 야근이나 주말 출근을 해도 하루하루 먹고살기 빠듯했던 것도 나에게 가르쳐주지 않은 '그 누군가'를 탓하고 있었다.

　음식료 값이 오르면 농부, 유통업자, 마트, 식당 주인을 원망했다. 집값이 오르면 건설회사, 다주택자, 공인중개사, 정부를 원망했다. 왜 국민 모두에게 임대주택을 주지 않는 것인지, 돈이 많은 사람은 왜 가난한 사람들에게 돈을 나눠주지 않는 것인지 원망했다. 은행에 예금, 적금을 넣어도 이자소득세 15.4%를 제하고 나면 원금과 다를 바 없는 만기 수령을 하고 나면 은행, 정부를 원망했다. 월급명세서를 받으면 각종 세금으로 떼가는 건 많은데 왜 나한테 돌아오는 건 하나도 없는지, 나라에 도둑놈이 많다고 생각했다. 회사에서 야근이 많거나 승진이 안 되면 팀장, 임원, 회사 탓을 했다. 심지어 축구하다가 발이 삐끗해도 발밑에 있던 울퉁불퉁한 땅을 원망했다. 그냥 잘되면 그건 내 능력인 거고, 내가 조금만 불편해도 그건 다 세상이 잘못해서였다.

아직도 잊히지 않는 사건이 있다. 대학교 1학년 후 군 휴학을 하게 됐는데, 휴학하기 전 해당 학기 등록금을 미리 내면 복학하고 나서는 등록금을 내지 않아도 된다. 당시에는 등록금이 매해 인상되고 있었기에 미리 내는 게 더 이득이라고 생각했다. 지금이라면 복학 예상 시점까지의 등록금 인상률과 금리와 같은 것들을 고려했겠지만, 그때 당시는 단순히 더하기 빼기만 했다. 그게 당연하다 생각했다. 얼마 후 대학 동기 A에게 미리 등록금을 낸 사실을 얘기했더니 씩 웃으며 "이자는 생각 안 하냐?"라는 답변이 돌아왔다. 하지만 나는 무엇이 잘못되었는지 알지 못했다. 엄밀히 말하자면 '인플레이션'에 대한 이해가 없었다. 심지어 휴학하는 3년 동안 두 해는 등록금이 동결되기도 했다. 즉 1년치 등록금이 인상됐는데, 그때까지만 해도 나는 어차피 올랐으니 싸게 미리 잘 냈다고만 생각했다.

취업 후 오랜만에 대학 동기들을 만났다. 그 자리에는 A도 있었고 등록금 에피소드도 얘기했다. 다행히도 그때는 '인플레이션' 정도는 구분할 줄은 알았다. 웃긴 건 A는 자신이 그 말을 했다는 걸 기억하지 못했다. 얼마나 창피했으면 나만 기억하고 있었을까. 덜 창피할 줄 알았는데 더 창피했다. 더 재미있는 건 그걸 듣고 A가 "너 정말 심하게 바보였구나?" 하며 다 같이 웃었다. 한참 전의 일이기에 나도 같이 껄껄

웃었지만, 그 당시 A가 나에 대해 속으로 비웃었을 걸 생각하면 지금도 간담이 서늘해진다.

"노예의 도덕에 사로잡히면 사회는 퇴보한다."

우석의 『완벽한 자유와 부를 만드는 인생투자』에 나오는 이 문장은 나를 뜨끔하게 만들었다. 우석 작가님은 네이버 카페 '부동산 스터디'에서 투자를 핵심에 둔 인문학적 탐구로 '돈의 길'을 꿰뚫어 보는 실전 투자가이다. 저자는 경제학을 전공했으나 인문학을 공부하면서 알게 된 거인들의 통찰력을 쉽게 풀어쓴 책이다. 나는 아직도 딱딱하게 굳어있던 나의 경제관념을 한 방에 뒤집어 준 우석 저자님의 모든 책에 감사하고 있다. 그중 가장 최근에 나온 『완벽한 자유와 부를 만드는 인생투자』는 그의 또 다른 명저 『부의 인문학』과 함께 시간이 날 때마다 펼쳐볼 정도로 내 인생 책 중의 하나이다. 경제적으로 엮인 선택과 판단의 순간 조언이 필요하면 어김없이 이 책을 펼쳐본다. 그리고 그의 혜안에 감탄하고 감사한다.

자기 합리화를 하고 남 탓을 하면 그 순간 마음은 편하다. 내 잘못이 아니니까. 내 책임이 아니니까. 당장 나에게 주어진 임무가 없다. 탓하는 대상이 문제를 해결해야 한다. 하지만 결국에는 나아지는 것도 없다. 변하는 게 없기 때문이다. 내가 변화시킬 수 있는 건 세상이 아니라 나 자신 뿐이다. 이걸 깨닫고 나서는 더 이상 남 탓을 멈추게 되었는데, 그 때 우석 작가님의 문장이 나에게 큰 울림을 줬다. 내가 노예의 도덕에 사로잡혀 있다는 걸 알게 되었다. 노예로 사로잡혀 있던 모든 것들을 분석하기 시작했다. 전세가 최고가, 로또 청약만 노렸던 때. 집값은 투기꾼들 때문에 오르는 것이고, 이로 얻은 소득은 불로소득이니까 그저 적폐로 생각했던 것. 회사 일에만 충실하면 나머지 것들은 어떻게든 될 거라는 알량한 믿음. 투기가 아닌 정직한 노동을 통한 월급을 모아 부자가 돼야 한다고 생각했던 신념. 이 모든 것을 바꾸고자 했다.

이 외에도 나만의 편견에 갇히지 않도록 주의한다. 주변 돌아가는 세상사를 알고 거기서 해결책을 찾아야겠다는 생각이 들었다. 그것이 바로 독서를 시작하게 된 계기였고, 지금은 노예근성에서 벗어나 내가 할 수 있는 최선의 것을 선택하고 판단하기 위해 늘 호기심을 가지고 각 사회 현상 간의 연결고리를 찾으려고 한다. 늘 주변 사람에게 편향된 시각을 심어줄 수 있는 알고리즘 기반의 SNS가 아닌 독서를 강력하게 추천하는 것도 이러한 이유다.

나보다 앞서 성공한 사람이 있다면, 내가 가지지 못한 부분에 대해 세상에 불평불만을 가지지 말고 성공한 사람의 발자취를 답습해 보는 건 어떨까? 그 분야의 성공한 사람이 쓴 책을 읽어보고 내 것으로 만들겠다는 노력을 통해 더 이상의 불평은 멈추고 그 에너지로 한발 앞서 나가는 데 힘을 보태보자. 그렇게 나는 오늘도 성공한 사람의 책을 찾아 읽어본다.

> **오늘의 필사 문장**
>
> "노예의 도덕에 사로잡히면 사회는 퇴보한다."
>
> 우석 『완벽한 자유와 부를 만드는 인생투자』

6. 바쁜 일상에서도 여유를 가져야 한다

앞만 보고 달려오는 삶을 살아온 나에게 있어 행복을 추구한다는 것은 특별한 목표이자 거창한 것으로 생각했다. 좋은 성적을 받고, 서울에 있는 대학교를 가고, 누구나 아는 대기업에 취업하고, 배우자를 만나고, 결혼하고, 아이를 낳고 화목한 가정을 꾸려야 한다는 강박관념이 바로 그것이다. 최근에는 이직도 하고 세입자로서 마음고생도 하고 내 집 마련을 하기까지 정말 바쁘게 살아왔다. 그렇게 ○○만 할 수 있다면 행복해질 거라고, 행복은 손닿기 힘든 그 무언가라 생각했다. 그렇게 정처 없이 방황하고 있던 나는 한 문장을 만나고 나서는 일상에서 여유를 가지고자 마음을 고쳐먹게 되었다.

"아무것도 당연하게 여기지 말게. 그게 내가 깨달은 중요한 교훈이라네. 작은 것의 소중함을 알게 되면 뭔가 일이 크게 잘못되고 있는 순간조차 기쁨을 누릴 수 있다네."

이 문장은 미국 코넬대학교에서 몸담고 있는 칼 필레머의 『내가 알고 있는 걸 당신도 알게 된다면』에 나오는 문장이다. 5년에 걸쳐 천 명이 넘는 70세 이상의 각계각층 사람들을 대상으로 인터뷰하여 얻는

'인생에서 가장 소중한 30가지 지혜'를 알려준다. 이 책에서 가장 재미있는 부분은 인터뷰에 응하신 어르신들을 '인생의 현자'라고 부르는 점이다. 다른 연령대에서는 찾을 수 없는 지혜의 원천을 가지고 있기 때문이라고 저자는 설명한다. 배우자, 일, 자녀, 시간, 행복이라는 키워드를 포함하여 인생을 살아가는 데 있어 피가 되고 살이 되는 현명한 조언들이 가득한 책이다. 이 중에서 나는 행복에 대한 인생의 현자들의 관점이 아직도 기억에 남는다.

시간은 1분 1초가 소중하기도 하고 후회 없는 삶을 살기 위해서는 주변을 둘러볼 여유도 없이 달려가야 한다. 그렇게 해야만 성공할 것이고, 그 성공은 나를 행복으로 이끌어 줄 것으로 생각했다. 하지만 인생의 현자는 오히려 상실과 박탈의 경험을 통해 현재 누리고 있는 작은 기쁨들이 얼마나 큰 행복인지 깨닫게 해준다고 한다. 이러한 교훈을 듣다 보니 내가 누리는 모든 것을 당연하게 여기고 있지는 않은지 다시금 반성하게 되었다.

방글라데시로 2년 정도 파견을 갔다 온 적이 있다. 해외로 나가면 애국자가 된다고 했던가. 아니나 다를까 파견근무를 하는 동안 우리나라가 얼마나 살기 좋은 나라인지 알 수 있었다. 수시로 되는 정전으로 인해 엑셀 업무를 하다가도 몇 번이고 PC가 재부팅되었다. 1메가 바이트의 첨부파일을 다운 받으려면 한나절이 지나간다. 검게 더럽혀진 물속에서 한쪽에서는 빨래를 하고 다른 한쪽에서는 몸을 씻는다. 중금속 때문에 생수가 아니면 양치를 할 수 없던 우리와는 달리 그런 물에서 양치도 한다.

1년 내내 모기가 어찌나 많은지 아무리 모기 살충제를 뿌린다 한들 모기장이 없으면 잠을 자기는커녕 평생 해온 헌혈을 하루에 다 할 수 있다. 길거리에는 얼마나 똥과 쓰레기가 많은지. 그 쓰레기를 먹는 갈비뼈가 훤히 드러난 소를 보는 날에는 반찬으로 나오는 소고기 생각에 속이 울렁거리기 일쑤였다. 온갖 손때가 묻은 구멍 난 지폐를 들고 다니며 필요한 자재를 사려해도 구할 데가 없을 때는 쿠팡과 다이소와 편의점이 얼마나 편리한 곳인지 새삼 깨달을 수 있었다. 비록 현지인들에게는 그러한 환경에서 자라왔기에 그것이 당연하겠지만, 나에게는 대한민국이 최고로 아늑하고 따뜻하고 편리한 나라다.

파견을 마치고 귀국한 뒤로는 다시 한번 내가 누리고 있는 모든 일상의 소중함과 감사함을 느낄 수 있었다. 수돗물로 양치할 수 있고 클릭 한 번으로 원하는 물건이 내 집까지 신속히 배달되며 깨끗하고 치안 좋고 밤늦게까지 여는 마트나 편의점이 있어 편리하다. 그렇기에 가끔은 현재 처한 상황이 불편하고 불만이 쌓이면, 방글라데시에서 지냈던 시간을 되새겨본다. 딱 5초. 모든 불만이 사라지는 시간이다. 어린아이들뿐만 아니라 어른까지도 매사에 감사함을 느끼지 못하는 분들이라면 꼭 한번은 불편한 나라에 한번 가보라고 추천한다.

군이 외국으로 나가지 않더라도 일상에 감사하며 여유를 가질 방법은 많다. 나 같은 경우는 나만의 아지트를 몇 군데를 찾는 것이 그중 하나다. 주로 점심시간을 활용하는데 맛 집, 도서관, 산책로, 관광지, 지역 랜드마크 등을 3~4개 정도 찾은 뒤 요일별로 나만의 동선을 짠다. 그렇게 다니면 비록 업무는 같은 사무실에서 할지라도 매일 나들이를 오는 느낌으로 직장생활을 할 수 있다. 예전에 역삼동에서 일할 때는 강남 학원가, 코엑스, 선정릉을 돌아다녔다. 수원에서 일할 때는 수원천, 수원화성, 방화수류정 코스로 다녔고, 가산디지털단지에서 일할 때는 각종 빌딩에 있는 구내식당과 아울렛 쇼핑몰을 걸어 다녔다. 이렇게 하고 나면 정신없는 오전을 후련히 비워내고 또다시 바쁜 오후로 채울 수 있었다.

현 직장이 있는 반포동은 부동산에 관심이 많은 나에게는 천국이나 다름없다. 한국에서 가장 비싼 아파트들이 즐비한 곳이기에 점심을 먹고 나면 어느 아파트를 구경해볼까 하는 설렘과 함께 출근하기도 한다. 서래마을, 반포한강공원, 신세계 백화점도 둘러봐도 좋다. 이 외에도 반포천 산책로, 몽마르뜨 언덕 등 평일이라 사람들이 붐비지 않으며 현지인들이 즐겨 가는 곳에서 사색하는 시간을 즐기는 중이다. 물론 주변에 도서관도 있기에 회원증을 만들고 대출/반납도 열심히 하기도 한다.

여러 가지 열거해 놓았지만, 별거 없는 행위처럼 보일 수도 있다. 돈을 버는 것도 아니고 힘들게 운동하는 것도 아니기에 그럴 바에는 사무실에서 낮잠을 청하는 게 낫다는 분들도 있다. 하지만 아름다운 명소를 가기 위해 전 세계를 누릴 필요도 없고, 굳이 멀리 갈 필요도 없다. 그저 걸으면서 새로운 환경과 소소한 일상을 느끼다 보면 기쁨을 찾을 수 있다. 바쁜 일상을 뒤로 하고 한 번쯤은 가까이에서 빛나고 있는 작은 것들을 찾아보고 음미해 보면 어떨까. 일상의 여유를 가지고 나만의 아지트를 만들다 보면 우리에게 주어진 나날들, 시간 속에서도 누릴 수 있는 수많은 기쁨에 감사하는 날이 올 것이다. 또한, 이러한 기쁨을 조금이라도 빨리 시작하고 누릴 수 있다면 한층 더 풍요로운 행복을 맞이할 수 있지 않을까.

> 오늘의
> 필사 문장

"아무것도 당연하게 여기지 말게. 그게 내가 깨달은 중요한 교훈이라네. 작은 것의 소중함을 알게 되면 뭔가 일이 크게 잘못되고 있는 순간조차 기쁨을 누릴 수 있다네."

칼 필레머 『내가 알고 있는 걸 당신도 알게 된다면』

7. 삶은 다방면으로 해석해야 한다

나는 내 집 마련을 목표로 독서를 시작하여 지금도 많은 분야의 독서를 하고 있다. 많은 부동산이나 주식 등 재테크와 관련된 책을 읽다 보니 모든 것은 '인간'으로부터 시작된다는 사실을 깨달았다. 여기서 인간은 '인구수'라는 경제적인 수요 정도나 통계적 수치를 뜻하는 것이 아니다. 인문, 심리, 철학, 역사 등 인간이 과거부터 지금까지 행동하고 생각하고 살아온 방식이 재테크에도 그대로 나타난다는 것을 알게 되었다. 그러다 보니 모든 것은 점과 같은 독립적인 개체가 아닌, 돌고 돌아 연결되어 있다는 것도 알아가고 있는데 재미가 쏠쏠하다. 이에 대해 몇 가지 얘기해 보고자 한다.

2,000년대에 고3이었던 나는 입시 준비를 위해 매 주말은 서울을 오갔다. 대학교의 위치에 따라 무궁화호나 버스를 번갈아 이용했고, 필요에 따라 숙박을 하기도 했다. 이 무렵, KTX가 개통되었는데, 동대구역에서 서울까지 1시간 반 내외로 오갈 수 있었다. 조금 비싸더라도 당일치기로도 서울 왕복이 가능했기에 자주 이용했다. 역사에는 KTX의 개통을 홍보하고 축하하는 많은 문구가 있었다. 그중 입시 외 세상 물정에 관심이 없는 내 머릿속에 아직도 잊히지 않는 글을 봤다. 'KTX의

개통에 따른 서울-지방간 격차 해소와 지방의 균형발전을 기대한다'는 내용이었다. 전국이 반나절 생활권에 들어서면서 지방도 서울과 마찬가지로 발전할 것이라는 전망이 대세였다. 온종일 뉴스에서는 이러한 내용들이 대서특필됐다.

그런데, 20년이 지난 지금은 어떨까 생각해본다. 공기업의 지방 이전으로 많은 사람이 서울에서 지방으로 발령을 받았다. 일부는 근무지 주변으로 이사를 했으나 대부분은 굳이 이사하지 않았다. 오히려 지방에 있는 사람들이 수도권에 있는 병원, 쇼핑, 학원가, 관광 등의 인프라를 누리기 위해 서울로 올라왔다. 이 때문에 많은 대형 백화점이나 쇼핑몰이 문들 닫기도 했다. 이를 전문용어로는 '빨대 효과'라고 하는데, 추후 개통될 수도권 광역급행철도(GTX)나 다른 교통 호재가 다른 어떤 그들에게는 악재가 될 수도 있음을 인지해야 한다.

"똑같은 기사를 보고도 누구는 전세를 들어가야겠다 마음을 먹을 테고 누군가는 집을 사야겠다고 마음을 먹을 테지. 누군가는 거꾸로 뛰어가는 거고 누군가는 앞으로 뛰어가는 거지."

꼬몽디의 『당신은 설명서도 읽지 않고 인생을 살고 있다』에 나오는 문장이다. 꼬몽디는 네이버 카페 <부동산 스터디>에서 자본주의와 투자와 관련하여 촌철살인과 같은 칼럼으로 유명해진 분이다. 부동산, 자본주의, 정치, 경제 등의 다양한 주제를 섭렵하고 있었다. 너무나 무지했던 나의 과거, 이를 타파하기 위해 독서를 시작하면서 만난 보물과 같은 책 중 하나가 바로 『당신은 설명서도 읽지 않고 인생을 살고 있다』였다. 성인이 되고 부모님으로부터 독립을 하니 그 누구도 쓴소리를 해주는 사람이 없었기에 그저 열심히 잘 살아가고 있는 줄 알았다. 그러다 어느 순간, 이대로 멍하니 있다가는 뒤처지게 된다는 것을 알았다. 나만 바라보는 가족들을 지키기 위해서는 알아야 할 것도 많다는 것을 알았다. 그리고 아무도 제대로 가르쳐주지 않는다는 것도 알게 되었다. 이는 독서의 순기능 중 하나라고 생각한다. 주변 사람들로부터 얻을 수 없는 값진 조언들이 책에는 즐비하다.

그 외에도 우리 주변에서는 어떤 현상의 이면까지 생각하지 못하는 경우를 많이 봤다. 하물며 나 또한 그랬으니 지금 생각하면 정말 고개도 들기 힘들다. 그 대표적인 것이 분양가 상한제와 임대차 3법 등 정부의 규제다. 과거 건설회사에 다니면서도, 그것도 아파트 건설 현장에서 일했음에도 규제정책을 긍정적으로 본 적이 있다. 가만히 생각해보면 아파트 공급 물량 감소와 로또 청약 열풍의 발원지였음을 그때는 까마득히 모르고 있었다. 그 외에도 공정무역과 최저임금 상승은 좋지만, 해당 제품의 가격 상승은 반대했던 적, 전세는 적은 돈으로도 좋은 집에 거주할 수 있기에 세입자에게 좋은 제도라 생각했던 지난날들. 원전은 위험하지만, 전기세 인상은 용납할 수 없었던 것. 러시아-우크라이나 전쟁이 발발하고 나서 많은 사람이 러시아만을 비판하고 있지만 우크라이나가 과거 자행했던 돈바스 지역의 집단 학살에 대해서는 알려진 바가 거의 없는 점. 역사 속 많은 전쟁까지.

이처럼 복합하게 연결된 세상 속에서 모두에게 이익이 되는 보편적 정의는 달성하기 어렵다. 내 입장이 모든 사람의 입장을 대변할 수 없다는 것도 깨달았다. 내가 살아가는 시대를 나도 이해하지 않고 살고 있었다. 그렇게 우리는 모두 정의로운 사람이자 위선자이고, 피해자이자 가해자였음을 알게 됐다. 이러한 깨달음을 얻는 데는 꼬몽디의 『당신은 설명서도 읽지 않고 인생을 살고 있다』라는 책으로부터 큰 도움을 받았다.

부제의 문장을 읽고 나서는 어떠한 정보를 접하게 되면 매 순간 점검하고 되돌아보려는 습관이 생겼다. 내가 신념처럼 여기던 것들은 또 다른 누군가에게는 부정이 될 수 있을지. 그것을 둘러싼 '정의'라는 이름으로 얽힌 이해관계를 더 폭넓게 보고자 한다. 그리고 그것이 가능하게 하는 것, 바로 독서인 것 같다. 독서는 하면 할수록 더 해야 한다는 생각이 든다. 알면 알수록 모르는 게 많아지는 신기한 도구이기 때문이다. 매일 어떤 책을 읽어볼까, 거기서 어떤 새로운 내용을 알 수 있을까 설렘과 동시에 나는 오늘도 책을 펼쳐본다.

> 오늘의 필사 문장

"똑같은 기사를 보고도 누구는 전세를 들어가야겠다 마음을 먹을 테고 누군가는 집을 사야겠다고 마음을 먹을 테지. 누군가는 거꾸로 뛰어가는 거고 누군가는 앞으로 뛰어가는 거지."

꼬몽디 『당신은 설명서도 읽지 않고 인생을 살고 있다』

8. 당신의 중요한 한 가지는 무엇인가

우리는 정보의 홍수 속에 살고 있다. 간단한 예로, 우리의 일상을 점령하고 있는 SNS의 수만 해도 셀 수 없다. 카카오톡, 유튜브, 인스타그램, 스레드, 네이버 블로그, 페이스북, 트위터, 브런치 등 한 사람이 각자의 목적에 따라 하루에 접속하는 SNS만 해도 그 수를 헤아리기 어렵다. 또한 하나의 SNS가 쏟아내는 정보도 한정되어 있지 않다. 유튜브만 하더라도 다양한 분야의 채널이 있고, 해당 분야에도 셀 수 없을 정도의 채널이 있다. 한때 내가 챙겨보는 부동산 관련 채널도 10개가 넘을 정도다. 이렇듯 우리는 끝이 보이지 않는 무한대의 정보 속에 둘러싸여 살고 있다.

이러한 도구들은 멀티태스킹(Multitasking)의 정점으로 우리의 삶을 몰아붙이고 있다. 여러 가지 일을 동시에 진행하는 멀티태스킹을 잘하는 사람에게는 '능력자'라는 수식어를 붙여준다. 종종 구인 공고를 보면 멀티태스킹을 잘하는 사람을 선호하는 것도 볼 수 있다. 하지만, 여러 곳으로 집중력을 분산하고 일을 처리하는 것이 과연 효율적인 일인 것일까?

2009년 여름, 스탠퍼드 대학교의 클리포드 나스 교수가 진행한 실험에 이 질문에 대한 답을 찾을 수 있다. 나스 교수는 멀티태스킹을 잘하는 그룹과 그렇지 못한 그룹을 나누고 실험했다. 실험을 마친 나스 교수는 "멀티태스커들을 그저 모든 일에 엉망"이라는 결론을 내렸다. 이는 대다수의 사람이 멀티태스킹을 긍정적으로 생각하는 모습에 반하는 결과였다. 두 가지 행동 모두에 100퍼센트 집중할 수 없기에 두 가지 일 모두에 좋지 않은 결과를 가져올 수 있다.

여러 가지에 손을 벌리게 된 배경에는 각자의 서사가 있을 것이다. 오랜 시간과 노력을 들인 것이 아까워 포기하지 못하는 경우도 있다. 누군가에게 관계, 일, 소유물 등 소중한 것 중 몇 가지를 포기하라 말하는 것은 정말 어려운 일이다. 하지만 그런 어려움에도 불구하고 포기해야 할 것들은 분명히 존재한다. 포기를 못 하다 보면 잘못된 방향으로 힘을 쏟으며 열심히 사는데도 인생이 잘 풀리지 않게 된다.

예전에 방영됐던 〈백종원의 골목식당〉을 보면 백종원 대표님께서 여러 식당을 다니며 공통으로 하는 피드백이 있다. 바로 '메뉴를 줄여라'는 것이었다. 김치찌개 집인데 제육볶음도 팔고 돈가스도 팔기도 한다. 돈까스집도 너무 많은 종류의 돈까스가 있다. 아마도 음식점을 운영하시던 사장님들의 눈에는 메인메뉴만 가지고는 부족해 보였을 것이다. 그렇기에 똑같은 솔루션이 여러 번 반복되어 나왔다. 결론적으로는 이도 저도 아니게 된다.

이는 우리의 인생에도 마찬가지로 적용된다. 하고 싶은 게 너무 많다. 하지만 잘하는 것, 잘 해야 하는 것은 한정되어 있다. 그러다 보니 말 그대로 잡탕이 되는 경우가 많다. 그렇게 되면 방문자 입장에서는 불명확하다는 이미지가 심어지게 된다. 가게든 사람이든 명확해야 선택을 받는다. 명확한 메뉴에 방문자들의 지갑이 열린다. 수많은 가능성이 있겠지만 가장 확실하고 가장 중요한 것에만 집중해야 한다. 과감히 가지치기하고 단 하나에 집중해야 한다.

"당신이 할 수 있는 단 하나의 일, 그 일을 함으로써 다른 모든 일들을 쉽게, 혹은 필요 없게 만들 바로 그 일은 무엇인가?"

게리 켈러의 『원씽』에 나오는 문장인데 '단 하나'에 집중하라는 것을 강조하고 있다. '당신이 할 수 있는 일'에 대해 사람들은 종종 초점을 잃고 '해야 하는 일'이나 '할 생각이 있는 일'로 치환하는 우를 범하기도 한다. 하지만 의도가 어쨌든 결과물은 항상 '할 수 있는 일'에서 나온다. '그 일을 함으로써'라는 표현은 목적의식이 있어야 함을 뜻한다. '다른 모든 일들을 쉽게 혹은 필요 없게 만들'이라는 표현은 중요한 일에만 집중하고 초점을 흐트러뜨리는 다른 일들을 피하라는 뜻이다.

나는 결혼 이후 가족, 내 집 마련, 노후 대비라는 세 키워드를 가지고 미래에 대한 청사진을 그려본 적이 있다. 악성 임대인에게 큰 굴욕을 얻은 경험이 크게 일조했다. 그러던 중 『원씽』에 나온 위 문장을 읽고 나서 조금 더 일상을 단순화하기로 마음먹었다.

먼저 일상의 루틴을 만들었다. 일찍 자고 일찍 일어나기. 아직 아이들이 어리기에 퇴근 후나 주말을 온전한 내 시간으로 만들기가 힘들었다. 매번 퇴근 후에는 아이들과 시간을 보내고 재우면서 나도 잠들었다. 그리고 아침에 일찍 출근하여 업무 시작 전까지 나만의 시간을 만들었다. 이를 위해 일찍 자거나 충분히 자는데 방해되는 드라마, 예능, 유럽 축구 시청은 모두 끊었고, 휴대폰 충전기는 침대에서 멀리 떨어뜨렸다.

그다음은 독서였다. 시작은 내 집 마련을 목표로 한 부동산 관련 도서였다. 당시 의욕이 앞서 10개가 넘는 유튜브 채널을 구독하기도 했지만, 지금은 3개로 줄였다. 부동산 관련 책을 읽다 보니 자연스레 재테크→심리학→인문 & 역사→철학으로 범위가 넓혀졌다. 그렇게 내 집 마련도 성공하고 생애 첫 에세이를 출간하기도 했다. 지금도 한 달에 10권 이상 꾸준히 독서하고 있고 책에서 얻은 영감을 나누고자 본 책의 출간에도 참여하게 되었다.

30대 중반을 넘어서 새로운 취미로 합류하게 된 독서는 장점이 매우 많다. 그동안 해온 모든 취미 중에서 단연 으뜸의 가성비를 자랑하는 것이 독서임을 깨달았다. 독서의 긍정적인 부분을 주변에 널리 알리는 것이 앞으로의 목표 중 하나다. 지금은 두 아들이 독립하는 때가 오면 바다나 강이 보이는 곳에서 작은 북 카페를 운영하는 것이 노후의 목표다.

내가 당장 무엇을 해야 할지 갈피를 못 잡겠는가? 이것저것 벌여놓고 있지만 딱히 성과가 안 보이는가? 그렇다면 과감하게 가지치기를 해보자. 그리고 『원씽』을 읽고 나만의 '단 하나'를 찾는 데 집중해 보자. 명확한 목적과 방향을 가지면 좀 더 또렷하게 보일 것이다. 그러면 방향에 대한 확신이 생기고 빠른 의사결정으로 이어진다. 이는 최고의 선택지를 가지고 최고의 경험을 할 기회가 될 것이다. '단 하나'의 일을 가장 중요하게 생각하고 모든 시간에서 단 하나를 위한 시간을 맨 위에 두자. 그리고 이 모두를 한 걸음부터 시작해 보자. 남은 건 전진뿐이다.

> 오늘의
> 필사 문장

"당신이 할 수 있는 단 하나의 일, 그 일을 함으로써 다른 모든 일들을 쉽게, 혹은 필요 없게 만들 바로 그 일은 무엇인가?"

게리 켈러 『원씽』

〈책 속에 나오는 책 소개 목록 및 출처〉

제1장. 간절한 나를 위로해줬던 한 문장(이용화)
1. 『소년과 두더지와 여우와 말』/찰리 맥커시/이진경/상상의힘/2020
2. 『만약 우리의 언어가 위스키라고 한다면』/무라카미 하루키/이윤정/문학사상/2020
3. 『긍정의 말들』/박산호/도서출판 유유/2024
4. 『인간의 대지』/앙투안 드 생텍쥐페리/김윤진/시공사/2014
5. 『저는 브랜딩을 하는 사람입니다』/허준/(주)필름/2024
6. 『연금술사』/파울로 코엘료/최정수/(주)문학동네/2001
7. 『왈칵 마음이 쏟아지는 날』/가와이 하야오/전경아/2016
8. 『연남동 빙굴빙굴 빨래방』/김지윤/팩토리나인/2023

제2장. 나의 감정을 들여다볼 수 있었던 한 문장(김소연)
1. 『좋은 것만, 오직 좋은것만』/최대호/포레스트북스/2025
2. 『지금까지 산 것처럼 앞으로도 살건가요?』/김창옥/수오서재/2022
3. 『언어의 온도』/이기주/말글터/2016
4. 『운다고 달라지는 일은 아무것도 없겠지만』/박준/난다/2017
5. 『꽃이 지고나면 잎이 보이듯이』/이해인/샘터(샘터사)/2016
6. 『어른의 행복은 조용하다』/태수/페이지2북스/2024
7. 『마음을 담은 병』/데버라마르세로/김세실/나는별/2023
8. 『나는 나로 살기로 했다』/김수현/클레이하우스/2022

제3장. 진실 된 나와 마주하던 한 문장(이수안)

1. 『치유와회복』/데이비드호킨스/박윤정/판미동/2016
2. 『어린이라는 세계』/김소영/사계절/2020
3. 『이제 몸을 챙깁니다』/문요한/해냄/2019
4. 『엄마와 딸 사이』/곽소현/소울메이트/2018
5. 『어느날 멀쩡하던 행거가 무너졌다』/이혜림/라곰/2022
6. 『아티스트웨이, 마음의 소리를 듣는 시간』/줄리아캐머런/이상원/비지니스북스/2022
7. 『세상에 무해한 사람이 되고 싶어』/허유정/뜻밖/2020
8. 『내가 틀릴 수도 있습니다』/비욘나티코 린데블라드/박미경(역)/다산초당/2024

제4장. 나에게 질문했던 한 문장(박나형)

1. 『달리기를 말할 때 내가 하고 싶은 이야기』/무라카미하루키/문학사상/2024
2. 『메리골드 마음세탁소』/윤정은/북로망스/2023
3. 『여행의 이유』/김영하/문학동네/2020
4. 『스타벅스일기』/김남희/한겨레출판사/2023
5. 『블루엣』/메기넬슨/사이행성/2019
6. 『미드나잇 라이브러리』/매트헤이그/노진서(역)/2021
7. 『우리들의 파리가 생각나요』/정현주/도서출판예경/2020
8. 『마음의 주인』/이기주/말글터/2021

제5장. 일상의 소중함을 일깨워 준 한 문장(유상원)

1. 『마흔수업(확장판)』/김미경/어웨이크북스/2023
2. 『파서블』/김익한/인플루엔셜/2023
3. 『럭키 LUCKY』/김도윤/북로망스/2021
4. 『돈의 심리학』/모건하우절/인플루엔셜/2021
5. 『완벽한 자유와 부를 만드는 인생투자』/우석/오픈마인드/2023
6. 『내가 알고 있는 걸 당신도 알게 된다면』/칼 필레머/박여진(역)/토네이도/2024
7. 『당신은 설명서도 읽지 않고 인생을 살고 있다』/꼬몽디/페이지2/2024
8. 『원씽』/게리 켈러, 제이 파파산/구세희(역)/비즈니스북스/2013